मोहब्बत ले के आया हूँ

मोहब्बत ले के आया हूँ

अज़ीज़-उल-हसन मज्ज़ूब

सम्पादक
अब्दुल वासे

rekhta publications

राजकमल प्रकाशन

rekhta publications

राजकमल प्रकाशन

रेख़्ता पब्लिकेशंस

बी-37, सेक्टर - 1, नोएडा

उत्तर प्रदेश - 201301

contact@rekhta.org I www.rekhtabooks.com

www.rajkamalprakashan.com

प्रथम संस्करण: 2023

ISBN : 978-93-94494-76-3

मोहब्बत ले के आया हूँ

अज़ीज़-उल-हसन मज्ज़ूब

सम्पादक - अब्दुल वासे

टाइपिंग एवं सेटिंग- मोहम्मद अमजद

मुद्रक : थॉमसन प्रेस (इंडिया) लिमिटेड

मूल्य : ₹ 249

हिन्दुस्तान की सूफ़ी-भक्ति परम्परा के नाम

प्रस्तावना

ख़्वाजा अज़ीज़-उल-हसन मज्ज़ूब 19वीं सदी की महान हस्तियों में से एक हैं। उनका जन्म 13 जून सन् 1884 ई. बुधवार को हुआ था। तारीख़ी नाम मर्ग़ूब अहमद है। कुछ लोगों ने इनकी वंशावली को हज़रत अली कर्रमुल्लाहु वज्हहु से जोड़ा है, लेकिन अस्ल में ये लोग शैख़ क़ुरैशी हैं। (गुफ़्ता-ए-मज्ज़ूब, पृष्ठ 38)। उनके पूर्वजों में एक बुज़ुर्ग इलाह दादीन ख़्वाजा ग़ौरी थे, इसीलिए उनके परिवार को ग़ौरी कहा जाता है। उनके मोहल्ले का नाम ग़ौरी-पारा शायद इसी कारण है। उनके पिता का नाम ख़्वाजा अज़ीज़ुल्लाह था, जो एक सफल वकील थे। उनके पिता हाजी इम्दादुल्लाह से बैअत थे ।

हज़रत अज़ीज़-उल-हसन का स्वभाव शालीन था। वो अपनी विनम्रता के लिए प्रसिद्ध थे। मौलाना नज्म-उल-हसन थानवी ने उनके सुंदर स्वरूप का वर्णन इस प्रकार किया है:

"ख़्वाजा साहिब का क़द लंबा, कशीदा,रंग बे-हद साफ़ गोरा, दाढ़ी बिलकुल सफ़ेद घनी और सीधी, जिस्म दुबला पतला और छरेरा और फुर्तीला, नाक-नक़्शा बारीक पुर-कशिश,और जाज़िब-ए-नज़र लिबास, वज़ा-क़ता इस तरह कि कलियों का कुर्ता, शरई पाजामा और पाँच कलिया चिकन या मलमल की टोपी, तबीअत में बे-हद नफ़ासत,नज़ाकत, सफ़ाई और सादगी। गर्मी के मौसम में आला क़िस्म के चिकन कुर्ते ज़ेब-ए-तन फ़रमाते, नीचे आस्तीन-दार बनियान पहनते और कुहनी से ऊपर तक बाँहें उस कुरते से मर्मरीं अंदाज़ में झलकतीं, सर्दी के मौसम में अँगरखा या शेरवानी और सर

पर ब-ज़ाहिर जल्दी से बे-तवज्जुही से बाँधी हुई पगड़ी, मगर ख़ुदादाद कशिश और हुस्न में कमी क्या होगी कई गुना ज़ियादा हो जाती थी। चेहरे पर इस क़दर नूरानियत और शख़्सियत में ऐसी जाज़बियत-वार कशिश थी कि हटाने को जी नहीं चाहता था। बिला-तश्बीह ये मालूम होता था कि आसमान से कोई फ़रिश्ता नाज़िल हुआ है और ज़मीन पर बे-तकल्लुफ़ चल फिर रहा है। मिज़ाज-ए-मुबारक निहायत शगुफ़्ता, चेहरा हँस-मुख,तबीअत में हमा-वक़्त ताज़गी, जौलानी, चुस्ती, आँखों में चमक और मासूमियत, बातों में मिठास, ज़बान टकसाली और शीरीं।'' *(कशकोल-ए-मज्ज़ूब, पृष्ट 7, हज़रत मौलाना नज्म-उल-हसन थानवी)*

हज़रत अज़ीज़-उल-हसन मज्ज़ूब ने अंग्रेज़ी की पढ़ाई की। चूँकि उनका परिवार एक धार्मिक परिवार था, इसलिए उन के व्यक्तित्व पर इसका प्रभाव था। अंग्रेज़ी शिक्षा प्राप्त करने के समय भी उन्होंने कभी अंग्रेज़ी कपड़े नहीं पहने। डिप्टी कलेक्टर और इंस्पेक्टर पद पर तैनात होने के बाद भी उन्होंने कभी अपना पहनावा नहीं बदला। अपनी प्रारंभिक शिक्षा पूरी करने के बाद, उन्होंने उच्च अंग्रेज़ी शिक्षा प्राप्त करने के लिए अलीगढ़ में दाख़िला लिया। उन्होंने बी.ए की परीक्षा उत्तीर्ण की और एल.एल.बी की तैयारी के लिए इलाहाबाद चले गए। स्नातक की परीक्षा में उत्तीर्ण होने के बाद उन्हें डिप्टी कलेक्टर की नौकरी मिल गई। मुक़द्दमों की सुनवाई से उनका दिल परेशान हो गया। उन्होंने कोशिश करके अपना स्थानांतरण शिक्षा विभाग में करा लिया। पहले वे इस्लामिक स्कूलों के उप-निरीक्षक के पद पर रहे, फिर उन्हें स्कूल निरीक्षक नियुक्त किया गया। वे इसी पद से पेंशन लेकर सेवानिवृत्त हुए। डिप्टी कलेक्टर रहते हुए उन्हें हज करने का सौभाग्य प्राप्त हो चुका था। *(गुफ़्ता-ए-मज्ज़ूब, पृष्ट 46-47)* सरकार ने उनकी सेवाओं को देखते हुए पहले ख़ान साहिब फिर ख़ान बहादुर का ख़िताब प्रदान किया था।

हज़रत अज़ीज़-उल-हसन मज्ज़ूब के पिता बड़े धार्मिक व्यक्ति थे। वे हज़रत हाजी इम्दादुल्लाह से बैअत थे। उनका लगाव स्वाभाविक रूप से उनके दिवंगत ख़लीफ़ा मौलाना अशरफ़ अली थानवी के लेखन के प्रति था। हज़रत अज़ीज़-उल-हसन मज्ज़ूब भी मौलाना अशरफ़ अली थानवी की पुस्तकों का अध्ययन किया करते थे। 1326 हिजरी में मौलाना अशरफ़ अली थानवी का इलाहाबाद में एक धार्मिक कार्यक्रम था। इस कार्यक्रम का विज्ञापन देखकर हज़रत अज़ीज़-उल-हसन मज्ज़ूब मचल गए। वो अब तक मौलाना थानवी के लेखन से प्रभावित रहे थे लेकिन अब उन्हें उनसे प्रत्यक्ष रूप से ज्ञान लेने का अवसर मिला। वह अधीर हो कर उस मस्जिद में पहुंचे जहाँ मौलाना थानवी रह रहे थे। मौलाना उस समय आराम कर रहे थे। कुछ देर बाद मुअज़्ज़िन ने नमाज़ के लिए अज़ान दी। मौलाना नींद से उठे और वुज़ू के लिए बाहर चले गये। वुज़ू के लिए बाहर जाते समय उनके कुर्ते का गिरेबान खुला था और बाल बिखरे पड़े थे। वह धीरे-धीरे वुज़ू के लिए बाहर आ रहे थे। हज़रत अज़ीज़-उल हसन मज्ज़ूब ने इसका वर्णन 'अशरफ़-अल-स्वानेह में इस प्रकार किया है।

क़बा वा कर्दा-ओ-काकुल परेशाँ कर्दा मी-आयद
ब-बीं ईं बे-सर-ओ-सामाँ चे सामाँ कर्दा मी-आयद

अज़ीज़-उल-हसन मज्ज़ूब ने मौलाना को देखते ही सलाम किया। उन्होंने विनम्र भाव से उनसे हाथ मिलाया और फिर अपना परिचय देते हुए बैअत करने की इच्छा प्रकट की। मौलाना ने उनके अनुरोध को स्वीकार कर लिया और बैअत कर लिया। *(गुफ़्ता–ए-मज्ज़ूब, पृ. 46-47)*

हज़रत अज़ीज़-उल-हसन मज्ज़ूब ने अपने छात्र जीवन से ही शायरी शुरू कर दी थी। उन्हें पाठ्यपुस्तकों में उतनी रुचि नहीं थी। उन्हें लिखना बहुत पसंद था। वे इस संबंध में स्वयं लिखते हैं:

"वालिद-ए-माजिद ने बी. ए. के आख़िर ज़माना में ये मालूम कर के कि इसने कुछ भी नहीं पढ़ा, ये इंतिज़ाम किया कि ख़ुद पास बैठे रहते लेकिन इस हालत में भी मुनाजातिया अशआर लिखता रहा और वालिद साहिब समझते रहे कि ये किताब देखने में मशग़ूल है लेकिन अल्हम्दुलिल्लाह कि मुनाजात ही से मेरा काम निकल गया और ग़ैब से ऐसी मदद हुई कि बावुजूद बिलकुल मायूसी के मैं ब-फ़ज़्लिहि तआला कामयाब हो गया।" *(गुफ़्ता-ए-मजज़ूब, पृष्ट 35)*

इस से साफ़ पता चलता है कि वह छात्र जीवन से ही शायरी करते थे। शुरुआत में वह हसन तख़ल्लुस करते थे। जब हज़रत मौलाना थानवी से बैअत हो गए तो मज्ज़ूब तख़ल्लुस करने लगे। यह तख़ल्लुस उनके व्यक्तित्व पर बिल्कुल फिट बैठता था। यह तख़ल्लुस उन्हें मौलाना थानवी ने सुझाया था।

अज़ीज़-उल-हसन मज्ज़ूब देश के अग्रणी शायरों में से एक थे। उन्होंने कई मुशायरों की सदारत भी की।

अपने शैख़ की मृत्यु के बाद हज़रत मज्ज़ूब का अपने वतन में रहना बहुत कम हुआ।उन्होंने लखनऊ, कानपुर, हरदोई, जौनपुर, आज़मगढ़, बहराइच आदि शहरों का दौरा किया। तरीक़त के लोगों से मुलाक़ातें जारी रहीं। इसी बीच मौलाना मुहम्मद हसन साहिब, तरीक़त के कुछ साथियों के साथ थाना भवन से अमृतसर आये। वहाँ दूसरे दिन उन्हें उल्टी और तेज़ बुख़ार हो गया। इलाज सफल रहा लेकिन कमज़ोरी बहुत ज़ियादा हो गई। 5 अगस्त को एक सज्जन के साथ वहाँ से औरई अपने वतन आये। यहाँ पहुँचते ही बुख़ार और हृदय के आसपास दर्द शुरू हो गया, जो अंत तक बना रहा। बुख़ार तो उतर गया, लेकिन 15 अगस्त, 1944 को सारी तकलीफ़ें वापस लौट आईं। बुख़ार और सिर दर्द तेज़ हो गया। डॉक्टरों ने इंजेक्शन लगाया और कहा कि आपकी हालत अच्छी है। इस पर उन्हों ने कहा कि यह सब

कुछ है लेकिन मैं जा रहा हूँ । फिर डॉक्टरों ने जहाँ इंजेक्शन लगाया था उसे पाकी के लिए साफ़ किया। फिर वह अचानक बेहोश हो गए और 27 शाबान 1363 मुताबिक़ 17 अगस्त 1944 को सुब्ह 8 बजे उन्होंने अपनी आँखें हमेशा के लिए बंद कर लीं। *(गुफ़्ता-ए-मज्ज़ूब, पृष्ठ 57)*

हज़रत मज्ज़ूब एक धर्मपरायण व्यक्ति थे। वह एक सिविल सेवक थे और एक उच्च पद पर आसीन थे। वे अपना निजी काम चपरासी से भी नहीं कराते थे। उन्होंने कभी भी ऑफ़िस की कुर्सी, मेज़ या फ़र्नीचर का इस्तेमाल निजी काम के लिए नहीं किया। *(ज़िक्र-ए-मज्ज़ूब, पृ. 90)*

हज़रत मज्ज़ूब बहुत सादा जीवन जीते थे। उनके जीवन में कोई बनावट नहीं थी। वह बहुत विनम्र और नम्र व्यक्ति थे। वह बिना किसी भेदभाव के सबके साथ मेलजोल और संगति रखते थे। मौलाना सैयद सुलैमान नदवी ने उनकी जीवनी पर लिखा है:

"उनका दूसरा वस्फ़ ख़ाकसारी-ओ-तवाज़ो था। चपरासियों के साथ बैठ कर खाना खाते। बाज़ार से चीज़ ख़रीद कर अपने हाथ से उठा कर लाने में तअम्मुल न था। इस क़िस्म के काम जो लोग अपने लिए तौहीन समझते थे उसे बे-तकल्लुफ़ी से ऐसे अंजाम देते थे कि चेहरे पर मैल न आता था।" *(गुफ़्ता-ए-मज्ज़ूब, पृष्ट 7)*

हज़रत मौलाना मुफ़्ती मोहम्मद शफ़ी साहिब ने उनकी जीवनी पर ख़ूबसूरती से प्रकाश डाला है। वह लिखते हैं:

"हज़रत मौलाना अशरफ़ अली थानवी के मुजद्दिदाना कारनामे और ला-फ़ानी यादगारें बहुत हैं। उनमें से एक सिलसिला उनके ख़ुलफ़ा का है। ख़्वाजा अज़ीज़-उल-हसन मज्ज़ूब इस सिलसिला में ख़ास अहमियत रखते हैं। एक बुलंद-पाया शायर, मज्ज़ूब तख़ल्लुस, शगुफ़्ता मिज़ाज और बाग़-ओ-बहार इन्सान होने के साथ मुकम्मल

दरवेश और सूफ़ी मुत्तक़ी, परहेज़गार बुज़ुर्ग थे। दरबार-ए-अशरफ़ी में उनके साथ एक तवील रिफ़ाक़त रही। जब उनका तसव्वुर आता है तो एक अजीब सा मंज़र सामने आ जाता है। *(ज़िक्र-ए-मज्ज़ूब, पृष्ठ 140)*

रिज़ाउल्लाह अंसारी साहिब ने उनकी शख़्सियत और शायरी का ज़िक्र करते हुए उन्हें आतिश ब-जन गायकों और बड़े शायरों के बराबर बताया है। वह लिखते हैं:

"सफ़–ए-शोरा में जब भी मज्ज़ूब साहिब को देखा असातिज़ा के पहलू ब-पहलू पाया और जब कभी महफ़िल-ए-यकताई में पाया तो आतिश ब-जान मुग़न्नी पाया। जब वो नाला-कुनाँ होते तो अच्छे से अच्छे शायर ख़ामोश सामे बन कर रह जाते। उस फ़ज़ा में जो मज्ज़ूब साहिब की मुतरन्निम आवाज़ और बे-चैन जज़्बात से हमेशा पैदा हो जाया करती थी बड़े बड़े सुख़न-शनास वा-रफ़्ता हो जाते या गुम-सुम इस दावे के मुअय्यिद नज़र आते-

ये मआनी ये हक़ायक़ ये रवानी ये असर
शायरी तेरी है ऐ मज्ज़ूब या इल्हाम है

(ज़िक्र-ए-मज्ज़ूब, पृष्ट 143)

हज़रत मौलाना ज़फ़र अहमद उस्मानी ने अज़ीज़-उल-हसन मज्ज़ूब को वही दर्जा दिया है जो हज़रत अमीर ख़ुसरो को हज़रत निज़ामुद्दीन औलिया से मिला था। वो फ़रमाते हैं "कि हज़रत ख़्वाजा अज़ीज़-उल-हसन अहल-ए-दिल की नज़र में आरिफ़-ए-कामिल थे। जिन पर इश्क़-ओ-मोहब्बत का बहुत ग़लबा था। फ़ना फ़िल-शैख़ का दर्जा हकीम-उल-उम्मत के ख़ुलफ़ा में उनका ही ख़ास हिस्सा था। ख़ुसरव-ए-बारगाह-ए-अशरफ़िया मशहूर हैं। जैसे अमीर ख़ुसरो हज़रत सुल्तान निज़ामुद्दीन के ख़ुद्दाम में से हैं शायरी के साथ फ़ना फ़िल-शैख़ थे यही हाल ख़्वाजा साहिब का था। शायर भी थे। फ़ना-फ़िल-शैख़ भी।" *(गुफ़्ता-ए-मज्ज़ूब, पृष्ट 6)*

हज़रत अज़ीज़-उल-हसन मज्ज़ूब का कुछ कलाम उनके जीवनकाल में प्रकाशित हो चुका था। इनमें "रिसाला नमकदान-ए-ज़राफ़त", "नफ़ीर-ए- ग़ैब", "मुराक़बा-ए-मौत", "दवाज़दा अज़्कार-ए-इब्रत", "जज़्बात-ए-मज्ज़ूब अव्वल और दोइम", "फ़रियाद-ए-मज्ज़ूब", और फ़ुग़ान-ए-बेवा सबसे प्रमुख हैं। उनकी मृत्यु के बाद हज़रत मौलाना सैयद ज़ुहूरू-उल-हसन ने एक संग्रह प्रकाशित किया। इस संग्रह की विशेषता यह है कि जहाँ-जहाँ हज़रत मज्ज़ूब के कलाम उपलब्ध थे, उन्हें इकठ्ठा कर प्रकाशित कर दिया। इस कविता संग्रह को "कश्कोल-ए- मज्ज़ूब" के नाम से जाना जाता है। इसमें उनकी प्रकाशित कविताएँ शामिल नहीं हैं। *(कश्कोल-ए-मज्ज़ूब, पृष्ठ 46)*

हज़रत अज़ीज़-उल-हसन मज्ज़ूब ने सिर्फ़ ग़ज़लें ही नहीं कही हैं । उन्होंने शायरी की अन्य विधाओं में भी अपना कमाल दिखाया है। राजनीतिक उथल-पुथल से प्रेरित होकर उन्होंने लंबी कविताएँ भी लिखी हैं। उनकी कविताएँ काफ़ी पसंद की गईं। उनकी एक कविता मिस्टर और मुल्ला की बहस बहुत मशहूर है। इस कविता में उन्होंने प्राचीन और आधुनिक विचारों के टकराव को दर्शाया है। ज़िक्र और ज़र्ब पर उनकी दो अद्‌भुत कविताएँ हैं। *(गुफ़्ता-ए-मज्ज़ूब, पृष्ठ 56)*।

हज़रत अज़ीज़-उल-हसन मज्ज़ूब ने मौक़े-मौक़े पर हास्य कविताएँ भी कही हैं। जब भी उन्हें अवसर मिला, उन्होंने हास-परिहास की नदियाँ बहा दीं। उन्होंने कुछ क़ितआत भी लिखे हैं। इन क़ितआत में उनके शैख़ की शिक्षाएँ शामिल हैं। इनमें आत्म-सुधार पर बल दिया गया है और आत्म-सुधार के तरीक़े भी बताये गये हैं। ये क़ितआत अत्यंत सरल एवं हृदयग्राही हैं। *(कशकोल-ए-मज्ज़ूब, नज्म-उल-हसन थानवी, पृष्ठ 32)*

हज़रत अज़ीज़-उल-हसन मज्ज़ूब ने सेहरे भी लिखे हैं । वो इस

विधा में भी पारंगत थे।

हज़रत अज़ीज़-उल-हसन मज्ज़ूब के कलाम को हज़रत मौलाना नज्म-उल-हसन थानवी ने मधुर स्वर प्रदान किया है। उन्हें हज़रत मज्ज़ूब की संगत में रहने का अवसर प्राप्त था।

यह भी उल्लेखनीय है कि हज़रत अज़ीज़-उल-हसन मज्ज़ूब गद्य लिखने में भी महारत रखते थे। उन्होंने हज़रत मौलाना थानवी की जीवनी को "अशरफ़-उल-स्वानेह" नाम से संकलित किया है। इसके अतिरिक्त उन्होंने हज़रत मौलाना थानवी के कथनों और उपदेशों को भी संकलित किया है, जो हुस्न-उल-अज़ीज़ के नाम से प्रकाशित हुआ है।

हज़रत अज़ीज़-उल-हसन मज्ज़ूब जहाँ शायरी की सभी विधाओं में माहिर थे, वहीं वो शेर को शानदार ढंग से प्रस्तुत करने का हुनर भी जानते थे। जब वह मंत्रमुग्ध आवाज़ में अपना कलाम सुनाते थे तो भीड़ शांत हो जाती थी, और उन में आत्मविस्मृति का भाव आ जाता था।आवाज़ इतनी अनोखी और आकर्षक थी कि लोग घंटों तक उन्हें सुनते रहते थे।वे कभी थकते नहीं थे और न ही उनकी आवाज़ बदलती थी। आम तौर पर, नमाज़ या खाने का समय होने पर सभा समाप्त होती थी। *(कशकोल-ए-मज्ज़ूब, हज़रत मौलाना नज्म-उल-हसन थानवी, पृ. 10-11)*

ज़िक्र-ए-मज्ज़ूब में प्रोफ़ेसर अहमद सईद ने एक मुशायरे का दिलचस्प वाक़िआ लिखा है। वो लिखते हैं:"एक मर्तबा अंजुमन बहार-ए-अदब लखनऊ का कुल हिंद मुशायरा था। ख़्वाजा साहिब भी ब-हैसियत-ए-शायर मदऊ थे। तक़रीबन 2 बजे रात ख़्वाजा साहिब का नंबर आया। लोग उनके ज़ाहिर को देखकर हँस दिए। लंबा क़द, सुर्ख़-ओ-सफ़ेद रंग, सफ़ेद दाढ़ी, चौगोशा टोपी, सफ़ेद बुराक़ सा उचकन-नुमा अँगरखा और पाजामा, एक आवाज़ उठी ये मस्जिद नहीं

है। किसी ज़रीफ़-उल-तबा ने पिछली नशिस्तों से अज़ान देना शुरू कर दिया। ख़्वाजा साहिब मज्मा की इस ना-मा'क़ूलियत को नज़र-अंदाज़ करते हुए माईक पर तशरीफ़ लाए। और अपने मसहूर-कुन तरन्नुम और वालिहाना अंदाज़ में ये मतला पढ़ा:

घटा उठ्ठी है तू भी खोल ज़ुल्फ़-ए-अम्बरीं साक़ी
तिरे होते फ़लक से क्यों हो शर्मिंदा ज़मीं साक़ी

कहाँ तो मज्मा हूटिंग के मूड में था और कहाँ इस मतला के बाद सन्नाटा सा छा गया। कुछ बा-ज़ौक़ हज़रात ने मुकर्रर इर्शाद की फ़रमाइश की। ख़्वाजा साहिब ने दुबारा मतला पढ़ा। अब मज्मा सँभल चुका था। और फिर जो दाद का तूफ़ान उठा तो कान पड़ी आवाज़ नहीं सुनाई देती थी। मतला के बाद जब ये शेर मज्ज़ूब साहिब ने पढ़ा तो मुशायरे में पिट्टस (हंगामा मचना) पड़ गई।

ज़बरदस्ती लगा दी आज बोतल मुँह से साक़ी ने
मैं कहता ही रहा हाँ हाँ नहीं साक़ी नहीं साक़ी

और ये सिलसिला सुब्ह की अज़ान तक चलता रहा।" *(ज़िक्र-ए-मज्ज़ूब, प्रोफ़ेसर अहमद सईद, पृष्ट 152)*

हज़रत अज़ीज़-उल-हसन मज्ज़ूब एक आरिफ़, सूफ़ी, लेखक और शायर थे। मौलान अशरफ़ अली थानवी के प्रति उनकी बहुत श्रद्धा थी। मयकदा-ए-अशरफ़ से मिले जाम ने उनके जीवन को मानवता के उच्चतम स्तर पर पहुँचा दिया था। उनका व्यक्तित्व रहस्यवाद और ज्ञान का आदर्श, सूफ़ी विचारों का उद्घोषक, नीति और नैतिकता का प्रतीक, संतोष और विश्वास की अलामत और ईमानदारी और सच्चाई का दर्पण था। सूफ़ी मूल्यों ने उनकी शायरी में ऐसा रंग भर दिया था जो सांसारिक रंगों पर भारी था। एकेश्वरवाद की मीठी बूंदों ने उनकी कविताओ को अत्यधिक मीठा बना दिया था। यह शेर देखें:

तसव्वुर अर्श पर है वक़्फ़-ए-सज्दा है जबीं मेरी
मिरा अब पूछना क्या आसमाँ मेरा ज़मीं मेरी

अगर इक तू नहीं मेरा तो कोई शय नहीं मेरी
जो तू मिरा तो सब मेरा फ़लक मेरा ज़मीं मेरी

हज़रत अज़ीज़-उल-हसन मज्ज़ूब का कलाम ईश्वर ज्ञान का भंडार है। उन्होंने अपनी कविताओं में मानव जीवन के सभी पहलुओं पर प्रकाश डाला है और इंसानों को सीधे रास्ते की रहनुमाई की है। इस दुनिया में, मनुष्य ईश्वर का ज्ञान, उसकी कृपा और आख़िरत में उसकी ख़ुशी चाहता है, लेकिन ये चीज़ें केवल ईश्वर के क़रीब होने से ही प्राप्त होती हैं। इंसान ईश्वर के क़रीब तभी पहुँचता है जब वह ख़ुद को मख़्लूक़ से दूर कर लेता है और सिर्फ़ ईश्वर का हो कर रह जाता है। हज़रत अज़ीज़ु-उल-हसन ने इस शेर में इस मतलब को बड़े ही मार्मिक तरीक़े से समझाया है। वह कहते हैं :

हर तमन्ना दिल से रुख़्सत हो गई
अब तो आ जा अब तो ख़ल्वत हो गई

सूफ़ियों के लिए दिल का सांसारिक मोह से मुक्त होना और फिर उसमें ईश्वर के प्रेम की ज्योति का जगना बड़ा महत्वपूर्ण होता है। उनकी पूरी कोशिश इसलिए होती है कि उनका दिल सांसारिक गंदगी से पाक हो जाए और उसमें ईश्वर प्रेम विद्यमान हो जाए। ख़्वाजा अज़ीज़-उल-हसन मज्ज़ूब का उपरोक्त शेर इसी भावना को व्यक्त करता है। हज़रत हकीम-उल-उम्मत मौलाना थानवी को यह शेर बहुत पसंद था। ख़ुद हज़रत मज्ज़ूब का बयान है कि उन्हें यह शेर इतना पसंद था कि एक बार उन्होंने मुस्कुराकर कहा कि अगर मेरे पास इतने पैसे होते तो मैं तुम्हें इस शेर के लिए एक लाख रुपये का इनआम देता। साथ ही उन्होंने यह भी कहा कि: 'जब भी मुझे यह शेर याद आ जाता है तो मैं इसे कम से कम तीन बार पढ़े बिना नहीं रहता। *(कशकोल-ए-*

मज्ज़ूब, नज्म-उल-हसन थानवी, पृष्ट 9)

सूफ़ीवाद का एक महत्वपूर्ण विषय तवक्कुल भी है। लगभग सभी सूफ़ी शायरों ने इस विषय पर शायरी की है। तवक्कुल का मतलब है कि एक व्यक्ति ख़ुद को और अपने मन को पूरी तरह से अल्लह के हवाले कर दे। जब इंसान तवक्कुल इख़्तियार कर लेता है तो दुनिया उसकी नज़रों में तुच्छ लगने लगती है और वह दुनिया से बे-परवाह हो जाता है। उसके दिल में सिर्फ़ अल्लाह अल्लाह ही रहता है। वह उसी के दर्द से पीड़ित रहता है। और यही दर्द उसकी ही हर मुश्किल का इलाज हुआ करता है। इस भाव को हज़रत अज़ीज़ु-उल-हसन ने इस शेर में बड़ी ख़ूबसूरती से व्यक्त किया है।

तेरी मोहब्बत हो रग-ओ-पै में जान में, तन में दिल में जिगर में
शाद रहूँ मैं रंज-ओ-ख़ुशी में सूद-ओ-ज़ियाँ में नफ़ा-ओ-ज़रर में
फ़र्क़ न देखूँ शाह-ओ-गदा में दुर्र-ओ-सदफ़ में लाल-ओ-हजर में
शुग़ल मिरा बस अब तो इलाही शाम-ओ-सहर हो अल्लाहु अल्लाह

ईश्वर प्रेम ही सूफ़ी की पूँजी और और उसका वास्तविक लक्ष्य होता है। जिसे यह सच्चा प्यार मिल जाता है वह दुनिया की बड़ी-बड़ी ताक़तों से लड़ सकता है। कभी वह फ़िरऔन से लड़ता नज़र आता है तो कभी आतिश-ए-नमरूद में कूद पड़ता है। प्रेम का यह नज़ारा देखकर बुद्धि चकित हो जाती है।

बे-ख़तर कूद पड़ा आतिश-ए-नमरूद इश्क़
अक़्ल है महव-ए-तमाशा-ए-लब-ए-बाम अभी

यह धन, जिस दिल के ख़ज़ाने में संचित रहता है, उसे ये इस नश्वर संसार से दूर कर देता है। वह हर क्षण अपने महबूब के जल्वों में गुम रहता है। संसार से उसे कोई लगाव नहीं होता। वह केवल महबूब की ही सुनता है और उसके नाम पर अपना जीवन न्यौछावर कर देता है। उसे इसमें शाश्वत आनंद का अनुभव होता है। इस भाव को हज़रत

अज़ीज़ु-उल-हसन ने इस प्रकार व्यक्त किया है-

अबस है जुस्तुजू बहर-ए-मोहब्बत के किनारे की
बस इस में डूब मरना ही है ऐ दिल पार हो जाना

हज़रत अज़ीज़ु-उल-हसन एक दरवेश व्यक्ति थे। ईश्वरीय प्रेम ने उनके हृदय को अग्निकुंड बना दिया था। उनकी शायरी से यही आग की लपटें निकली हैं। मज्ज़ूब की शायरी में सोज़-ओ-गुदाज़ है। दूसरे कवियों की तरह इनके सोज़-ओ-गुदाज़ में घुटन नहीं है। इसमें एक प्रकार का आनंद और एक प्रकार की ख़ुशी की अभिव्यक्ति है। उनके कुछ अशआर देखिए-

हमारा शुग़्ल है रातों को रोना याद-ए-दिलबर में
हमारी नींद है मह्व-ए-ख़याल-ए-यार हो जाना

तरीक़-ए-इश्क़ में जो जिस क़दर गुम-कर्दा मंज़िल था
वो बस उतना ही ऐ दिल ख़िज्र-ए-रह बनने के क़ाबिल था

हज़रत अज़ीज़ु-उल-हसन मज्ज़ूब की शायरी का एक विशेष पहलू यह है कि उनकी शायरी में ईश्वर के प्रति समर्पण का भाव मिलता है। वो ईश्वर को अपना मालिक,अपना सहारा और अपना खेवनहार समझ कर उससे ही लौ लगाते हैं। उनके कलाम को पढ़कर पाठक स्वयं को आध्यात्मिक जगत में भ्रमण करता हुआ महसूस करता है। उनके अशआर का जादू उनके प्रेरक विचारों में निहित है जो श्रोता को एक नई रौशनी से आलोकित करता है। इन अशआर को देखें-

जान से भी जो मुझको है प्यारा तू है तू हाँ तू है तू
जिसके लिए सब कुछ है गवारा तू है तू हाँ तू है तू

दोनों जहाँ में मेरा सहारा तू है तू हाँ तू है तू
मेरी नाव का खेवनहारा तू है तू हाँ तू है तू

हज़रत मज्ज़ूब की शायरी में बार-बार आने वाला विषय दिव्य प्रेम की अवधारणा है। वह अपनी शायरी में सूफ़ियों के मुख्य विषय, दिव्य प्रेम को प्रमुखता से पेश करते हैं। उनकी शायरी साधक के आध्यात्मिक अनुभवों की गहराई की झलक प्रदान करती है।

हर चीज़ में अक्स-ए-रुख़-ए-ज़ेबा नज़र आया
आलम मुझे सब जल्वा ही जल्वा नज़र आया

तू कब किसी तालिब को सरापा नज़र आया
देखा तुझे इतना जिसे जितना नज़र आया

हज़रत मज्ज़ूब की शायरी अनुभव और दृढ़ विश्वास की शायरी है। उन्होंने जो कुछ भी कहा है, विश्वास और अनुभव की भट्टी से गुज़र कर ही कहा है। मज्ज़ूब के अशआर को पढ़ने के बाद पाठक को ऐसा लगता है कि ये तो उसकी ही बात है । मज्ज़ूब सवयं कहते हैं-

जभी कुछ मैं कहता हूँ जब देखता हूँ
कि दिल भी मिरा हम-ज़बाँ हो रहा है

उर्दू शायरी में मुल्ला,शैख़, वाइज़ और ज़ाहिद की आलोचना की एक मज़बूत परंपरा रही है। शायरों ने परंपरा के बजाय सैद्धांतिक परिप्रेक्ष्य में शैख़ और मुल्ला की आलोचना की है। ये शब्द उर्दू शायरी में कथनी और करनी के विरोधाभास का प्रतीक हैं। इक़बाल ने अपनी शायरी में मुल्ला की कड़ी आलोचना की है । ज़र्ब-ए-कलीम की नज़्म "मस्ती-ए-किरदार" का यह शेर तो लोगों की ज़बान पर है।

सूफ़ी की तरीक़त में फ़क़त मस्ती-ए-अहवाल
मुल्ला की शरीअत में फ़क़त मस्ती-ए-गुफ़्तार

हज़रत अज़ीज़-उल-हसन मज्ज़ूब के यहाँ भी इस प्रकार के अशआर देखने को मिलते हैं। इन्हों ने भी वाइज़ की आलोचना की है। एक शेर देखें :

जो मयख़ाने में है उम्मुल-ख़बाइस हज़रत-ए-वाइज़
पहुँच जाती जो हुज्रे में शराबुस्सालिहीं होती

दिल की शांति और संतुष्टि अल्लाह की नेमत है। अल्लाह को याद करने से दिल को शांति मिलती है। अल्लाह से रिश्ता तभी जुड़ता है जब इंसान की आत्मा को सुकून मिलता है। चूँकि आत्मा अल्लाह का आदेश है इसलिए इसका भोजन भी आल्लाह का ज़िक्र है। कलाम-ए-मज्ज़ूब को पढ़ने के बाद आत्मा को एक प्रकार की शांति मिलती है और आत्मा को ताज़गी का एक अनोखा एहसास होता है। इस प्रकार मज्ज़ूब ने अपनी शायरी के माध्यम से आत्मा को भोजन प्रदान किया है।

ये शेर देखें:

हाल में अपने मस्त हूँ ग़ैर का होश ही नहीं
रहता हूँ मैं जहाँ में यूँ जैसे यहाँ कोई नहीं

कोई मज़ा मज़ा नहीं कोई हँसी हँसी नहीं
तिरे ब-ग़ैर ज़िंदगी मौत है ज़िंदगी नहीं

साहित्य की दुनिया में आम बोलचाल और रोज़मर्रा की भाषा में रचे गए साहित्य को प्रशंसा की दृष्टि से देखा जाता रहा है। जो शायरी पढ़ने में तो आसान लगती है, लेकिन लिखने में आसान नहीं होती, उसे सहल-ए-मुम्तना कहा जाता है। हज़रत मज्ज़ूब के संग्रह में सहल-ए-मुम्तना के बेहतरीन उदाहरण देखे जा सकते हैं। इस प्रकार के कुछ शेर प्रस्तुत हैं।

क्या नज़र मुझ पर न डाली जाएगी
क्या मिरी फ़रियाद ख़ाली जाएगी

मिरे सामने लो न नाम-ए-मोहब्बत
छलक जाएगा हाय जाम-ए-मोहब्बत

किसे देखकर आज हम आ रहे हैं
कि आँखों से अनवार बरसा रहे हैं

हज़रत मज्ज़ूब की ग़ज़लें अपनी सादगी और सफ़ाई, सहजता और प्रवाह, लालित्य और लावण्य में उर्दू के अग्रणी कवियों की कविताओं से किसी प्रकार कमतर नहीं हैं। उदाहरण के तौर पर कुछ पंक्तियाँ पेश की जा रही हैं-

भुलाता हूँ फिर भी वो याद आ रहे हैं
वही चाहते हैं मैं क्या चाहता हूँ

कुछ न पूछो क्या हुआ क्यूँकर हुआ
जो हुआ जैसा हुआ बेहतर हुआ

कहीं देखो वो तो नहीं आ रहे हैं
कि हम दर्द-ए-दिल में कमी पा रहे हैं

तग़ज़्ज़ुल उस हालत का नाम है जो शायरी में आनंद, प्रभाव, सौंदर्य और दर्द पैदा करती है। यह ग़ज़ल के आंतरिक गुणों को संदर्भित करता है जो पाठक के मन में एक सनसनी पैदा करता है और पाठक प्रभावित हो जाता है। मज्ज़ूब के कलाम में तग़ज़्ज़ुल का रंग भी बहुत चोखा है। तग़ज़्ज़ुल के रंग में डूबे कुछ शेर देखें-

बस एक बिजली सी पहले कौंदी, फिर उसके आगे ख़बर नहीं है
और अब जो पहलू को देखता हूँ तो दिल नहीं है जिगर नहीं है

क्या करूँ यारब किधर जाऊँ कशाकश दिल में है
इक कशिश गिर्दाब में है इक कशिश साहिल में है

सँभल के ज़रा तेज़-गाम-ए-मोहब्बत
मक़ाम-ए-अदब है मक़ाम-ए-मोहब्बत

मज्ज़ूब की शायरी उनके गहरे आध्यात्मिक अनुभवों और रहस्यवाद की गहरी समझ का प्रतिबिंब है। उनकी कविताएँ उनकी

सादगी और ईमानदारी को दर्शाती हैं। हज़रत मज्ज़ूब ने अपने मुर्शिद अशरफ़ अली थानवी से प्राप्त आध्यात्मिक संदेशों को अछूते और आकर्षक तरीक़े से प्रस्तुत किया है। उनके संदेश विद्वानों और आम लोगों दोनों को अपनी ओर आकर्षित करते हैं-

हमीं जब न फैलाएँ दामन मिले क्या
उधर से तो हर-दम गुहर-बारियाँ हैं

न घबरा कोई दिल में घर कर रहा है
मुबारक किसी की दिल-आज़ारियाँ हैं

मज्ज़ूब के कलाम में जो शुद्ध भावनाएँ झलकती हैं, उन्हें देखते हुए कुछ लोगों ने उन्हें रहस्यवाद का कवि या "आध्यात्मिक कवि" कहा है। मौलाना नज्म-उल-हसन ने ठीक ही लिखा है-

"उनकी शायरी, शायरी न थी। वो आम शोरा से हट कर अपनी तर्ज़ के, अपने अंदाज़ के, अपनी क़िस्म के,अपनी नस्ल के निराले और बे-मिसाल शायर थे। उन जैसा शायर इस से पहले देखा न इसके बाद *(कशकोल-ए-मजज़ूब, हज़रत मौलाना नज्म-उल-हसन थानवी, पृष्ट 8-9)*

हज़रत क़ारी तय्यब साहिब ने उनके कलाम पर टिप्पणी करते हुए लिखा है:

"ख़्वाजा साहिब बे-नज़ीर शायर थे। मगर उनकी शायरी मारिफ़त से पुर होती थी और उनके अशआर उनके अहवाल होते थे। इसलिए उनका कलाम बिल-ख़ुसूस जब कि वो ख़ुद पढ़ते थे क़ुलूब पर ख़ास असर पड़ता था। इसलिए कि वो ख़ुद भी मुतअस्सिर हो कर सुनाते थे और इस में मह्व और मुसतग़रक़ हो जाते थे।" *(गुफ़्ता-ए-मज्ज़ूब, पृष्ट 123)*

हज़रत मज्ज़ूब ने कई उत्कृष्ट कविताएँ भी लिखी हैं। उन्होंने

अपनी कविताओं में नि:स्वार्थता पर ज़ोर देते हुए ईश्वर की इच्छा के प्रति समर्पण की अवधारणा प्रस्तुत की है। उनकी शायरी भौतिक चीज़ों की क्षणभंगुर प्रकृति और आत्मा की ईश्वर की ओर यात्रा के शाश्वत मूल्यों की याद दिलाती हैं। मज्ज़ूब ने अमीर मीनाई की प्रसिद्ध ग़ज़ल पर एक तज़मीन भी लिखी है -

मिले ख़ाक में अहल-ए-शाँ कैसे कैसे
मकीं हो गए ला-मकाँ कैसे कैसे

हुए नामवर बे-निशाँ कैसे कैसे
ज़मीं खा गई नौजवाँ कैसे कैसे

जगह जी लगाने की दुनिया नहीं है
ये इब्रत की जा है तमाशा नहीं है

नगीन-ए-दिल से मिट जाए निशान-ए-आलम-ए-फ़ानी
किसी शय का न नक़्श इस में रहे कुंदा सिवा तेरे

न हो मतलब किसी से याद तेरी मेरी हमदम हो
न कोई काम हो मुझको न कुछ धंधा सिवा तेरे

बहर-हाल, हज़रत अज़ीज़-उल-हसन मज्ज़ूब की शायरी इरफ़ानी शायरी का एक शानदार नमूना है। उनके क़लम की गहराइयों में मानवता की वास्तविकताएं, आध्यात्मिक भावनाएं और प्रेरित करने वाले अनुभव छुपे हुए हैं। उनकी कविताएँ जहाँ एक ओर दिल और आत्मा पर प्रभाव डालने की क्षमता रखती हैं, वहीं दूसरी ओर सामाजिक सुधार का कर्तव्य निभाने की शक्ति भी रखती हैं। ये कविताएँ सूफ़ीवाद की परंपराओं और आधुनिक शिक्षाओं के बीच एक सेतु का काम भी करती हैं। ऐसे समय में जब आध्यात्मिकता पर भौतिकवाद हावी है, उनकी कविताएँ शाश्वत मूल्यों की शाश्वत याद दिलाती हैं।

अब्दुल वासे

क्रम सूची

ग़ज़ल

हम्द

नहीं मेरा कोई हामी[1] ख़ुदावंदा सिवा तेरे
सुनाऊँ किस को मैं हाल-ए-परागंदा[2] सिवा तेरे

1 मददगार 2 दुर्दशा

फँसा है मुर्ग़-ए-दिल[1] बे-तर्ह[2] मेरा बंद-ए-इस्याँ[3] में
छुड़ा दे कौन किस से ये खुले फंदा सिवा तेरे

1दिल का परिंदा 2बुरी तरह 3पाप का फंदा

ज़मीं क्या आसमाँ क्या कोह[1] क्या गुलज़ार-ओ-सहरा[2] क्या
सभी हो जाएँगे इक दिन परागंदा[3] सिवा तेरे

1पहाड़2बग़ीचा और मरुस्थल 3 अस्त-व्यस्त

न हो मतलब किसी से याद तेरी मेरी हमदम हो
न कोई काम हो मुझ को न कुछ धंधा सिवा तेरे

गुनाह जितने ही हों लेकिन बता सकता हूँ हाँ इतना
करम[1]हैं मेरे जुर्मों[2] से ख़ुदावंदा सिवा[3] तेरे

1 कृपा 2 पाप,अपराध 3 बढ़कर

'हसन' ऊपर तिरे फ़रियाद लाया नफ़्स-ए-सर-कश[1] की
मदद चाहे भला किस से तिरा बंदा सिवा तेरे

1 विद्रोही मन

ज़ाहिर[1] मुती'[2]-ओ-बातिन[3] ज़ाकिर[4] मुदाम[5] तेरा
ज़िंदा रहूँ इलाही[6] होकर तमाम तेरा

1बाहर से 2 आज्ञाकारी 3 भीतर से 4 भक्ति में लीन 5 हमेशा 6 मेरे ईश्वर

ज़िन्हार[1] हो न शैताँ 'आजिज़[2] पे तेरे ग़ालिब[3]
बंदा न नफ़्स[4] का हो हरगिज़ ग़ुलाम तेरा

1 हरगिज़ 2 असहाय 3 प्रबल 4 मन

मोरिद[1] रहे ये हर दम तेरी तजल्लियों का
हो जाए क़ल्ब[2] मेरा बैत-उल-हराम[3] तेरा

1 अवतरित होने की जगह 2 दिल 3 का'बा

सीना में हो मुनक़्क़श[1] या-रब किताब तेरी
जारी रहे ज़बाँ पर हर दम कलाम[2] तेरा

1 अंकित,चित्रित 2 शब्द, वाणी

है अब तो ये तमन्ना इस तर्ह 'उम्र गुज़रे
हर वक़्त तेरा धंदा हर वक़्त काम तेरा

दोनों जहाँ में मुझ को मतलूब[1] तू ही तू हो
हो पुख़्ता-कार-ए-वहदत[2] 'मज्ज़ूब'-ए-ख़ाम[3] तेरा

1 प्रिय 2 ईश्वर का पक्का भक्त 3 अपरिपक्व मज्ज़ूब

ना'त

कहाँ हिन्द[1] में वो बहार-ए-मदीना[2]
बस अब मैं हूँ और यादगार-ए-मदीना[3]

1 हिन्दुस्तान 2 मदीना की बहार 3 मदीना की यादगार

मिरा दिल है इक इख़्तिसार-ए-मदीना[1]
कि इस में बसा है दयार-ए-मदीना[2]

1 छोटा मदीना 2 मदीना का एक क्षेत्र

है 'अर्श-आशियाँ[1] ख़ाकसार-ए-मदीना[2]
है कुर्सी-नशीं[3] जो है ख़ार-ए-मदीना[4]

1 जिसका ठिकाना ईश्वर का स्थान हो 2 मदीना का तुच्छ आदमी 3 कुर्सी पर बैठने वाला 4 मदीना का काँटा

वो हर-सू[1] खजूरों की दिलकश[2] क़तारें
वो कोहसार[3] वो सब्ज़ा-ज़ार-ए-मदीना[4]

1 हर तरफ़ 2 सुंदर,आकर्षक 3 पर्वत 4 हरियाली से भरपूर मदीना की जगह

वो मस्जिद वो रौज़ा[1] वो जन्नत का टुकड़ा
ख़ुशा[2] मंज़र-ए-पुर-बहार-ए-मदीना[3]

1 पैग़म्बर मुहम्मद का मक़बरा 2 क्या ख़ूब 3 मदीना का बहारों वाला दृश्य

नगीना ज़मुर्रद[1] का है सब्ज़-गुम्बद[2]
और अंगुश्तरी[3] कोहसार-ए-मदीना[4]

1 हरे रंग का रत्न 2 हरा गुम्बद 3 अंगूठी 4 मदीना का पहाड़

मुबारक हो ऐ बे-क़रार-ए-मदीना[1]
बुलावा है ये इज़्तिरार-ए-मदीना[2]

1 मदीना जाने को आतुर 2 मदीना की व्याकुलता

इलाही दिखा फिर बहार-ए-मदीना[1]
कि दिल है बहुत बे-क़रार-ए-मदीना

1 मदीना की बहार

वहाँ की है तकलीफ़ राहत से बढ़ कर
मुझे गुल से बढ़ कर है ख़ार-ए-मदीना[1]

1 मदीना का काँटा

कभी गर्द-ए-का'बा[1] के हूँ मैं तसद्दुक़[2]
कभी जा के हूँ मैं निसार-ए-मदीना[3]

1 का'बा की धूल 2 न्योछावर करना 3 मदीना पर न्योछावर

रहे मेरा मस्कन[1] हवाली-ए-का'बा[2]
बने मेरा मदफ़न[3] दयार-ए-मदीना[4]

1 ठिकाना 2 का'बा के आस-पास 3 क़ब्र 4 मदीना के आस-पास

इलाही ब-सद शौक़[1] 'मज्ज़ूब' पहुँचे
ये नाकाम होगा फ़िगार-ए-मदीना[2]

1 ख़ुशी-ख़ुशी 2 मदीना का घायल

ख़िरामाँ[1] हो ऐ गुल-'एज़ार-ए-मदीना[2]
कि दुनिया में फैले बहार-ए-मदीना

1 मटक-मटक कर चलने वाला 2 मदीना का महबूब अर्थात पैग़म्बर मुहम्मद

मुझे ग़म नहीं लाख मंज़िल कठिन हो
कि हैं पेश-रौ[1] शह-सवार-ए-मदीना[2]

1 अग्रदूत 2 मदीना का घुड़सवार

मो'अत्तर[1] किए देती है जान-ओ-दिल[2] को
हवा-ए-ख़ुश-ए-मुश्क-बार-ए-मदीना[3]

1 सुगंधित 2 दिल और जान 3 मदीना की सुगन्धित अच्छी हवा

बरसते हैं दिन-रात अनवार[1] दिल पर
'अजब है 'अजब जल्वा-ज़ार-ए-मदीना[2]

1 रौशनियाँ 2 मदीना की रौशन वादी

अभी रहने दो महव-ए-नज़्ज़ारा[1] मुझ को
मैं दिल में बसा लूँ बहार-ए-मदीना[2]

1 दर्शन में लीन 2 मदीना की बहार

जो था गर्द-ए-का'बा की मस्ती में रक़्साँ[1]
वो 'मज्ज़ूब' है होशियार-ए-मदीना[2]

1 नृत्य करने वाला 2 मदीना का बुद्धिमान

मंक़बत

ये रू-ए-अनवर[1] ये ख़ू-ए-ज़ेबा[2] जमाल[3] ऐसा कमाल[4] ऐसा
ख़ुदा की क़ुदरत का है करिश्मा जमाल ऐसा कमाल ऐसा

1 दमकता हुआ चेहरा 2 सुंदर स्वभाव 3 सौंदर्य 4 गुण

कहीं न देखा कहीं न पाया जमाल ऐसा कमाल ऐसा
दिखाए कोई अगर हो दा'वा जमाल ऐसा कमाल ऐसा

ये रंग-ए-जल्वत[1] ये कैफ़-ए-ख़ल्वत[2] ये जामि'इय्यत[3] ख़ुदा की क़ुदरत
ये 'इल्म-ओ-हिक्मत[4] ये ज़ोहद-ओ-तक़्वा[5] जमाल ऐसा कमाल ऐसा

1 उपस्थिति का रंग 2 एकांत की हालत 3 व्यापकता 4 ज्ञान और विद्या 5 भक्ति और धर्मपरायणता

जहान सारा तो छान मारा बताओ इंसाफ़ से ख़ुदा-रा[1]
कहीं भी ऐ मेहर-ओ-माह[2] देखा जमाल ऐसा कमाल ऐसा

1 ईश्वर के लिए 2 सूरज और चाँद

भला वो समझे तो कैसे समझे भला वो जाने तो कैसे जाने
जो क़ल्ब[1] और 'अक़्ल का हो अंधा जमाल ऐसा कमाल ऐसा

1 दिल

वही बेहोश है जो आप का मस्ताना नहीं
ख़ुद वो दीवाना है जो आप का दीवाना नहीं

दोस्त होते हैं फ़िदा जलते हैं दुश्मन तुझ से
कौन है वो जो तिरे हुस्न का परवाना नहीं

ख़ुद ही मिट जाएँगे सब हक़ के मिटाने वाले
लाख कोशिश करें मिटता तिरा अफ़्साना नहीं

करते हैं अहल-ए-हसद[1] तेरी हवा-ख़ेज़ी[2] क्या
मुमकिन उन ज़र्रों से ख़ुर्शीद[3] का छुप जाना नहीं

1 ईर्ष्यालु 2 अफ़्वाह फ़ैलाना 3 सूरज

शाह साहिब जो समझता है तू भिक-मंगों को
तू ने देखी वो अभी सूरत-ए-शाहाना[1] नहीं

1 बादशाहों वाली सूरत

कलाम

हर तमन्ना दिल से रुख़्सत हो गई
अब तो आ जा अब तो ख़ल्वत हो गई

इ'श्क़ में ज़िल्लत भी इ'ज़्ज़त हो गई
ली फ़क़ीरी पादशाहत[1] हो गई

1 बादशाहत

लाख झिड़को अब कहीं फिरता है दिल
हो गई अब तो मोहब्बत हो गई

कर चुके रिंदी[1] बस ऐ मज्ज़ूब तुम
एक चुल्लू से ये हालत हो गई

1 मस्ती

अब तो मैं हूँ और शुग़ल-ए-याद-ए-दोस्त[1]
सारे झगड़ों से फ़राग़त हो गई

1 दोस्त को याद करने का काम

जी रहा हूँ मौत की उम्मीद में
मर ही जाऊँगा जो सेह्हत[1] हो गई

1 स्वास्थ्य

कुछ न पूछो क्या हुआ क्यूँकर हुआ
जो हुआ जैसा हुआ बेहतर हुआ

क्या भला हो मेरी मर्ज़ी के ख़िलाफ़
वो जो हस्ब-ए-मर्ज़ी-ए-दिलबर[1] हुआ

1महबूब की इच्छा के अनुसार

दोस्त राज़ी है तो फिर कुछ डर नहीं
हो अगर दुश्मन ज़माना भर हुआ

बंद जब सब दर[1] हुए मेरे लिए
ग़ैब[2] से पैदा नया इक दर हुआ

1 दरवाज़ा 2 अदृश्य

हो भी कुछ ऐ ख़ामा-ए-हसरत[1] रक़म
लिख भी चुक ख़त क्या हुआ दफ़्तर हुआ

1 निराशा की क़लम

हो गए जब रास्ते मसदूद[1] सब
जज़्ब[2] ख़ुद 'मज्ज़ूब' का रहबर हुआ

1 बंद 2 आत्मलीन

❁

जो तेरी याद फ़ुर्क़त[1] में मिरी दम-साज़[2] बन जाए
तो मेरे दिल की हर धड़कन तिरी आवाज़ बन जाए

1 वियोग 2 घनिष्ठ मित्र,साथी

तरस कुछ आ चला सय्याद[1] को हाँ फड़फड़ाए जा
ये शायद सूरत-ए-परवाज़[2] ही परवाज़ बन जाए

1 शिकारी 2 उड़ने की स्थिति 3 उड़ान

नुमायाँ[1] हो न चेहरे से न आँखों से न बातों से
मोहब्बत राज़-अंदर-राज़[2] अंदर राज़ बन जाए

1 प्रकट 2 भेद के अन्दर भेद

जूँही डालूँ निगाहें हुस्न में सब जज़्ब[1] हो जाएँ
कोई तो नाज़ बन जाए कोई अंदाज़ बन जाए

1 अवशोषित

न उफ़ भी मैं ने की फिर भी जफ़ा[1] का तेरी शोहरा[2] है
मिरा क्या बस ख़मोशी[3] भी अगर आवाज़ बन जाए

1 अत्याचार 2 चर्चा 3 चुप्पी

पिए तू मय तो ये तेरा लब-ए-बे-कैफ़[1] ऐ वाइ'ज़[2]
लब-ए-साग़र[3] से मिल-मिल कर लब-ए-ए'जाज़[4] बन जाए

1आनंदहीन होंठ 2 उपदेशक 3 प्याला का होंठ 4 रहस्योद्घाटक होंठ

❁

रहने दो चुप मुझे न सुनो माजरा-ए-दिल[1]
मैं हाल-ए-दिल[2] कहूँ तो अभी मुँह को आए दिल

1 दिल की कहानी 2 दिल का हाल

दो लफ़्ज़ों ही में कह दिया सब माजरा-ए-दिल
ख़ामोश हो गया है कोई कह के हाए दिल

अब हो चुकी है जुर्म से ज़ाइद[1] सज़ा-ए-दिल[2]
जाने दो बस मु'आफ़ भी कर दो ख़ता-ए-दिल[3]

1 अधिक 2 दिल की सज़ा 3 दिल की ग़लती

हर हर अदा बुतों की है क़ातिल बरा-ए-दिल[1]
आख़िर कोई बचाए तो क्यूँ कर बचाए दिल

1 दिल के लिए

इतना ही कोई होगा न सब्र-आज़मा-ए-दिल[1]
सब से लगाए तुम से न कोई लगाए दिल

1 दिल के धैर्य की परीक्षा लेने वाला

'मज्ज़ूब' तू भी ग़ैर-ए-ख़ुदा[1] से लगाए दिल
'इश्क़-ए-बुताँ[2] है बंदा-ए-हक़[3] ना-सज़ा-ए-दिल

1 ईश्वर के अतिरिक्त 2 सुंदरियों से प्रेम 3 ईश्वर का बन्दा

तुम सा कोई हमदम कोई दम-साज़[1] नहीं है
हर वक़्त हैं बातें मगर आवाज़ नहीं है

1 साथी

ये नग़मा-ए-दिल-कश[1] मिरा बे-साज़[2] नहीं है
वो बोल रहे हैं मिरी आवाज़ नहीं है

1 सुन्दर गीत 2 बे-मेल

जाँ-बाज़ है[1] 'मज्ज़ूब' सुख़न-साज़[2] नहीं है
वो बोल रहे हैं मिरी आवाज़ नहीं है

1 जान पर खेलने वाला 2 कवि

हम ख़ाक-नशीनों[1] को न मसनद पे बिठाओ
ये 'इश्क़ की तौहीन है ए'ज़ाज़[2] नहीं है

1 भूमि पर बैठने वाले 2 सम्मान

हम तुम ही बस आगाह हैं इस रब्त-ए-ख़फ़ी[1] से
मा'लूम किसी और को ये राज़ नहीं है

1 छिपा संबंध

'मज्ज़ूब' हूँ पीता ही चला जाता हूँ पैहम[1]
परवाना है बुलबुल का सा अंदाज़ नहीं है

1 लगातार

❁

आईना बनता है रगड़े लाख जब खाता है दिल
कुछ न पूछो दिल बड़ी मुश्किल से बन पाता है दिल

'इश्क़ में धोके पे धोके रोज़ क्यूँ खाता है दिल
उन की बातों में न जाने क्यूँ ये आ जाता है दिल

कट गई इक 'उम्र इस इफ़्हाम[1] और तफ़्हीम[2] में
दिल को समझाता हूँ मैं और मुझ को समझाता है दिल
1समझना 2समझाना

फ़स्ल-ए-गुल[1] में सब तो ख़ंदाँ[2] हैं मगर गिर्यां[3] हूँ मैं
जब तड़प उठती है बिजली याद आ जाता है दिल
1 वसंत ऋतु 2 ख़ुश 3 विलाप करने वाला

एक वो दिन थे मोहब्बत से था लुत्फ़-ए-ज़िंदगी[1]
अब तो नाम-ए-'इश्क़[2] से भी सख़्त घबराता है दिल
1 जीवन का आनंद 2 'इश्क़ का नाम

कुछ न हम को 'इल्म[1] रस्ता का न मंज़िल की ख़बर
जा रहे हैं बस जिधर हम को लिए जाता है दिल
1 ज्ञान

तुम जिस को देख लो वो न पहलू में पाए दिल
तुम सा जो दिल-रुबा हो तो क्यूँ कर बचाए दिल

'मज्ज़ूब' अब किसी से न या-रब लगाए दिल
पाए तो तेरी याद से बस चैन पाए दिल

उस शोख़ दिलरुबा की ढिटाई तो देखिए
अपने बना लिए हैं हज़ारों पराए दिल

इतना न होगा कोई भी सब्र-आज़मा-ए-दिल[1]
सब से लगाए तुम से न कोई लगाए दिल

1दिल के धैर्य की परीक्षा लेने वाला

दम-भर क़रार लेने नहीं देता हाय दिल
कैसी ये पड़ गई है मिरे सर बला-ए-दिल[1]

1 दिल की मुसीबत

'मज्ज़ूब' अब किसी से भला क्यूँ लगाए दिल
दिल आश्ना-ए-दर्द[1] है दर्द आश्ना-ए-दिल[2]

1 दर्द से परिचित 2 दिल से परिचित

❁

उन को तू ने क्या से क्या शौक़-ए-फ़रावाँ[1] कर दिया
पहले जाँ फिर जान-ए-जाँ[2] फिर जान-ए-जानाँ[3] कर दिया

1 अधिक शौक़ 2 जान की जान 3 महबूब की जान

तब'-ए-रंगीं[1] ने मिरी गुल[2] को गुलिस्ताँ कर दिया
कुछ से कुछ हुस्न-ए-नज़र[3] ने हुस्न-ए-ख़ूबाँ[4] कर दिया

1 रंगीन स्वभाव 2 फूल 3 आँख का सौन्दर्य 4 प्रेमिका की सुंदरता

दर्द-ए-दिल[1] ने और सब दर्दों का दर्माँ[2] कर दिया
'इश्क़ की मुश्किल ने हर मुश्किल को आसाँ कर दिया

1 दिल का दर्द 2 'इलाज

ये तिरी ज़ुल्फ़ें ये आँखें ये तिरा मुखड़ा ये रंग
हूर को अल्लाह की क़ुदरत ने इंसाँ कर दिया

टूट जाते क्यूँ न टाँके ज़ख़्म के देखा ग़ज़ब
शामिल-ए-बख़िया[1] मिरा तार-ए-गरेबाँ[2] कर दिया

1 टाँके में शामिल 2 गरेबान का धागा

मुझ को सूझा भी तो क्या 'मज्ज़ूब' वहशत[1] का 'इलाज
मैं ने दिल वाबस्ता-ए-ज़ुल्फ़-ए-परेशाँ[2] कर दिया

1भय 2 बिखरे बालों से संबद्ध

वो मस्त-ए-नाज़[1] आता है ज़रा हुशियार हो जाना
यहीं देखा गया है बे-पिए सरशार हो जाना

1 नख़रा में चूर

हमारा शुग़्ल[1] है रातों को रोना याद-ए-दिलबर[2] में
हमारी नींद है महव-ए-ख़याल-ए-यार[3] हो जाना

1 काम 2 महबूब की याद 3 महबूब के ख़याल में लीन

तसव्वुर की मिरे गुल-कारियाँ[1] सय्याद[2] क्या जाने
क़फ़स[3] का भी गुलों की याद में गुलज़ार हो जाना

1 फूल-पत्तियाँ बनाने का काम 2 शिकारी 3 पिंजरा

लगावट से तिरी क्या दिल खिले मा'लूम है हम को
ज़रा सी बात में खिंच कर तिरा तलवार हो जाना

नहीं दरकार मय हम को पिए जा तू ही ऐ साक़ी
हमें तो मस्त करता है तिरा सरशार[1] हो जाना

1 मस्त

ख़बर क्या थी कि उस इंकार में इक़रार पिन्हाँ[1] है
मिरा ग़श[2] खा के गिर पड़ना कि बस दीदार हो जाना

1 छिपा 2 बे-होश

वो हक़[1] के साथ राबिता-ए-दिल[2] नहीं रहा
मज्ज़ूब इस लक़ब[3] ही के क़ाबिल नहीं रहा

1 ईश्वर 2 दिल का संबंध 3 उपाधि

वो आँख अब नहीं है वो अब दिल नहीं रहा
'मज्ज़ूब' मुँह दिखाने के क़ाबिल नहीं रहा

वो आँख जो न ग़ैर को देखे नहीं रही
वो दिल जो हो न ग़ैर पे माइल1 नहीं रहा

1 आकर्षित

इस के सिवा कि आप ही मेरी मदद करें
कुछ चारा मेरे मुर्शिद-ए-कामिल[1] नहीं रहा

1 उत्तम मार्गदर्शक

क़ाबू में मेरे अब मिरी आँखें नहीं रहीं
कहने में मेरे अब ये मिरा दिल नहीं रहा

दस्त-ए-करम[1] हो जानिब-ए-'मज्ज़ूब'[2] फिर दराज़[3]
महरूम[4] आप का कभी साएल[5] नहीं रहा

1 कृपा का हाथ 2 मज्ज़ूब की ओर 3 लंबा 4 वंचित 5 भिखारी

जला ही देगा तिफ़्ल-ए-अश्क[1] दामान-ए-नज़र[2] अपना
कि इक आतिश[3] का परकाला[4] है ये लख़्त-ए-जिगर[5] अपना

1 बच्चों जैसे आँसू 2 नज़र का दामन 3 आग 4 चिंगारी 5 जिगर का टुकड़ा

लगा दे मुँह से ख़ुम1 साक़ी कि हैं मुद्दत के प्यासे हम
न होगा हल्क़ भी इन शीशा-ओ-साग़र 2 से तर अपना

1 शराब रखने का पात्र 2 कांच की बोतल और शराब का गिलास

न बे-दर्दी है जाओ नीम-बिस्मिल[1] छोड़ कर ज़ालिम
तिरे क़ुर्बान हाँ इक और भी तीर-ए-नज़र[2] अपना

1 घायल 2 आँखों का तीर

ये दर्द ऐ बद-गुमाँ[1] कुछ देखने की चीज़ अगर होती
मैं रख देता तिरे आगे कलेजा चीर कर अपना

1 संदेह रखने वाला

निगाह उठती है मुझ पर बज़्म[1] में क्यूँ बार बार उन की
बुलाना तो कहीं उन को नहीं मद्द-ए-नज़र[2] अपना

1 सभा 2सामने

कहीं रोके से रुकती है ये जौलानी[1] तबी'अत[2] की
कि 'मज्ज़ूब' आज-कल जोश-ए-जुनूँ[3] है ज़ोर पर अपना

1 तेज़ी 2 स्वभाव 3 दीवाना पन

जहाँ बदला तो बदला तू भी ऐ जान-ए-जहाँ[1] बदला
ज़मीं बदली तो बदली थी ग़ज़ब है आसमाँ बदला
1 दुनिया की जान

मिरी दुनिया-ए-दूँ[1] को तू ने ऐ पीर-ए-मुग़ाँ[2] बदला
क़ियास[3] अब हो गया 'इरफ़ाँ[4] तुम्हीं से अब गुमाँ बदला
1 तुच्छ संसार 2 रहस्यवादी गुरु 3 अनुमान 4 ब्रह्मज्ञान

तरीक़-ए-'इश्क़[1] में गो कारवाँ पर कारवाँ बदला
न लेकिन रह-गुज़र[2] बदली न मीर-ए-कारवाँ[3] बदला
1 'इश्क़ का मार्ग 2 मार्ग 3 क़ाफ़िला का नेता

रहा बार-ए-अमानत[1] गो वबाल-ए-दोश[2] रस्ते भर
न कंधा भी मगर हम ने तह-ए-बार-ए-गराँ[3] बदला
1 अमानत का बोझ 2 कन्धा का बोझ 3 भारी बोझ के बावुजूद

न रह छोड़ी न हम ने नक़्श-पा-ए-रह-रवाँ[1] छोड़े
हवा के रुख़ पे रुख़ तू ने तो गर्द-ए-कारवाँ[2] बदला
1 राहगीर के पांव का चिन्ह 2 क़ाफ़िला की धूल

बहुत गो 'इश्क़ में 'मज्ज़ूब' बदला तुम ने हाल अपने
मगर जैसा बदलना चाहिए वैसा कहाँ बदला

❁

किसी से सीख ले बुलबुल सरापा दास्ताँ रहना
है नंग-ए-'इश्क़[1] हाल-ए-दिल[2] का मोहताज-ए-बयाँ[3] रहना
1 इश्क़ के लिए लज्जा 2 दिल का हाल 3 जिसका वर्णन नहीं किया जा सके

ये क्या तुर्फ़ा-अदा[1] तुर्फ़ा-तमाशा[2] तुर्फ़ा-पर्दा[3] है
मिरी आँखों में फिरना फिर भी आँखों से निहाँ[4] रहना
1 अद्भुत अदा 2 अद्भुत तमाशा 3 अद्भुत पर्दा 4 छिपा

ख़ुलासा[1] हम से सुन ले कोई आदाब-ए-मोहब्बत[2] का
दु'आएँ दिल में देना ज़ुल्म सहना बे-ज़बाँ रहना
1 सारांश 2 मोहब्बत का तरीक़ा

यही आता है बस या और भी कुछ तुम को आता है
उम्मीदें तोड़ना दिल ख़ून करना बद-गुमाँ रहना

भरोसा कुछ नहीं इस नफ़्स-ए-अम्मारा[1] का ऐ ज़ाहिद
फ़रिश्ता भी ये हो जाए तो इस से बद-गुमाँ रहना
1 दैहिक आत्मा

न रह नाशाद[1] सालिक[2] मस्लक-ए-'मज्ज़ूब'[3] पर आ जा
अगर हर हाल में तू चाहता है शादमाँ[4] रहना
1 अप्रसन्न 2 साधक 3 मज्ज़ूब का मार्ग 4 ख़ुश

हाल में अपने मस्त हूँ ग़ैर का होश ही नहीं
रहता हूँ मैं जहाँ में यूँ जैसे यहाँ कोई नहीं

कोई मज़ा मज़ा नहीं कोई हँसी हँसी नहीं
तेरे ब-ग़ैर ज़िंदगी मौत है ज़िंदगी नहीं

हुस्न की बारगाह है सहल[1] कोई निबाह है
आह भी इक गुनाह है 'इश्क़ भी दिल-लगी नहीं

1 आसान

बैठा हूँ मैं झुकाए सर नीची किए हुए नज़र
बज़्म[1] में सब सही मगर वो जो नहीं कोई नहीं

1 सभा

ऐ मिरे बाग़-ए-आरज़ू[1] कैसा है बाग़ हाय तू
कलियाँ तो गो हैं चार-सू[2] कोई कली खिली नहीं

1 इच्छा का बग़ीचा 2 हर तरफ़

दिल में लगा के उन की लौ कर दे जहाँ में नश्र-ए-ज़ौ[1]
शमएँ[2] तो जल रही हैं सौ बज़्म[3] में रौशनी नहीं

1 प्रकाश का प्रसार 2 चराग़ 3 सभा

न देखूँगा हसीनों को अरे तौबा न देखूँगा
तक़ाज़ा[1] लाख तू कर ऐ दिल-ए-शैदा[2] न देखूँगा

1 आग्रह 2 पागल दिल

करूँ नासेह[1] मैं क्यूँ कर हाय ये वा'दा न देखूँगा
नज़र पड़ जाएगी ख़ुद ही जो दानिस्ता[2] न देखूँगा

1 उपदेशक 2 जान-बूझकर

निगाह-ए-नाज़[1] को तेरी मैं शर्मिंदा न देखूँगा
हटाए लेता हूँ मैं अपनी नज़र अच्छा न देखूँगा

1प्रेम भरी दृष्टि

बला से मैं अगर रो रो के बीनाई भी खो बैठूँ
करूँगा क्या इन आँखों को जो वो जल्वा न देखूँगा

उठाऊँगा न ज़ानू से मैं हरगिज़ अपना सर हमदम
अरे मैं अपनी आँखों से उन्हें जाता न देखूँगा

ज़रा ऐ नासेह-ए-फ़रज़ाना1 चल कर सुन तो दो बातें
न होगा फिर भी तू 'मज्ज़ूब' का दीवाना देखूँगा

1 बुद्धिमान उपदेशक

हर इक 'आशिक़ नए अंदाज़ से क़ुर्बान-ए-क़ातिल[1] था
क़तील-ए-तेग़-ए-बे-सर था[2] शहीद-ए-नाज़-ए-बे-दिल[3] था

1 क़ातिल पर निछावर 2 बिना तलवार वध किया हुआ सर 3 बे-रहम की अदा का शहीद

तरीक़-ए-'इश्क़[1] में जो जिस क़दर गुम-कर्दा[2] मंज़िल था
वो बस उतना ही ऐ दिल ख़िज़्र-ए-रह[3] बनने के क़ाबिल था

1 'इश्क़ का मार्ग 2 खोया हुआ 3 मार्गदर्शक

हज़ारों ज़ख़्म खा के भी न तड़पा हाय मजबूरी
बस इक तस्वीर-ए-बे-ताबी[1] सरापा तेरा बिस्मिल[2] था

1 बेचैनी की तस्वीर 2 घायल

ब-हर सुरत थी इक तकलीफ़ बीमारी-ए-उल्फ़त[1] में
मुझे आसान था मरना मगर परहेज़ मुश्किल था

1 मोहब्बत की बीमारी

दिल-ए-वारस्ता[1] ही अपना अकेला रह गया आख़िर
बहुत थे हम-सफ़र लेकिन हर इक पाबंद-ए-मंज़िल[2] था

1 लापरवाह दिल 2 गंतव्य की ओर अग्रसर

ख़ुदा 'मज्ज़ूब' को रखे सलामत उस ने चौंकाया
जिसे मंज़िल समझ रखा था वो इक ख़्वाब-ए-मंज़िल[1] था

1 मंज़िल का स्वप्न

क्या नज़र मुझ पर न डाली जाएगी
क्या मिरी फ़रियाद ख़ाली जाएगी

यूँ नज़र तो मुझ पर डाली जाएगी
जब मैं देखूँगा हटा ली जाएगी

आ रहा है झूमता वो मस्त-ए-नाज़[1]
अब तबी'अत क्या सँभाली जाएगी

1 अभिमानी

लाख हो बहर-ए-मोहब्बत[1] पुर-ख़तर[2]
कश्ती-ए-दिल[3] उस में डाली जाएगी

1 मोहब्बत का समुंदर 2 ख़तरनाक 3 दिल की नाव

हाय ऐसे में है तू साक़ी कहाँ
क्या भरी-बरसात ख़ाली जाएगी

ग़ैर की मानेंगे बे-चूँ-ओ-चरा[1]
मैं कहूँगा फ़ी[2] निकाली जाएगी

1 बिना कोई हिचकिचाहट 2 ऐब

'अजब क्या गर मुझे 'आलम ब-ईं वुस'अत[1] भी ज़िंदाँ[2] था
मैं वहशी[3] भी तो वो हूँ ला-मकाँ[4] जिस का बयाबाँ था

1 विस्तार के बावजूद ये संसार 2 क़ैद 3 पागल 4 जिसका कोई स्थान न हो

किसी की याद में बैठे जो सब से बे-ग़रज़ हो कर
तो अपना बोरिया भी फिर हमें तख़्त-ए-सुलैमाँ[1] था

1 पैग़म्बर सुलैमान का तख़्त

ज़रा देखो तो ये उल्टी रसाई[1] मेरी क़िस्मत की
वो निकला ग़ैर के दिल से जो मेरे दिल का अरमाँ था

1 पहुंच

हँसे भी हम तो मिस्ल-ए-बर्क़[1] वो हँसना हँसे ऐ दिल
कि जिस हँसने में दुनिया भर का रोना हाय पिन्हाँ[2] था

1 बिजली की तरह 2 छिपा हुआ

जो रुख़ बदला है साक़ी ने दिगर-गूँ[1] रंग-ए-महफ़िल[2] है
वो ख़ंदाँ[3] है जो गिर्यां[4] था वो गिर्यां है जो ख़ंदाँ था

1 भिन्न ,विभिन्न 2 महफ़िल का रंग 3 ख़ुश 4 दुखी

भला 'मज्ज़ूब' कुछ तो होश रखते ऐसे मौक़ा' पर
ग़ज़ब है मेज़बाँ बनना पड़ा उस को जो मेहमाँ था

भुलाता हूँ फिर भी वो याद आ रहे हैं
वही चाहते हैं मैं क्या चाहता हूँ

तेरे वस्ल[1] की ताब क्या ला सकूँगा
त'अल्लुक़ फ़क़त[2] दूर का चाहता हूँ

1 मिलन 2 केवल

मैं कब तक फिरूँ दर-ब-दर[1] मारा-मारा
तिरे दर पे अब बैठना चाहता हूँ

1 एक दरवाज़े से दूसरे दरवाज़े तक

ब-वक़्त-ए-ख़ुशी[1] हो फ़ना[2] का तसव्वुर
मसर्रत[3] भी हसरत-फ़ज़ा[4] चाहता हूँ

1 ख़ुशी के समय में 2 मृत्यु 3 ख़ुशी 4 कष्ट बढ़ाने वाला

न अपना भी जिस में गुज़र हो इलाही
अब ऐसी मैं ख़ल्वत-सरा[1] चाहता हूँ

1 एकांत स्थान

मैं 'मज्ज़ूब' कब तक रहूँ मेरे मौला
बस अब होश अपने बजा चाहता हूँ

ग़ज़ल

क्या करूँ या-रब किधर जाऊँ कशाकश[1] दिल में है
इक कशिश गिर्दाब[2] में है इक कशिश साहिल में है

1 दुविधा 2 भँवर

एक से है एक बढ़ कर गो तमन्ना दिल-फ़रेब[1]
क्या तमन्ना अब हो जान-ए-हर-तमन्ना[2] दिल में है

1 मनमोहक 2 हर तमन्ना की जान

होश किस को है यहाँ बैठे हैं सब खोए हुए
कोई क्या जाने कहाँ है जो तिरी महफ़िल में है

क़त'-ए-राह-ए-'इश्क़[1] ऐ रहरव[2] कभी मुम्किन नहीं
एक सफ़र है ता-ब-मंज़िल[3] इक सफ़र मंज़िल में है

1 'इश्क़ के मार्ग को तय करना 2 मुसाफ़िर 3 मंज़िल के क़रीब

सारी मुर्दा आरज़ूएँ फिर से ज़िंदा हो गईं
जब से तुम आए हो इक हश्र-ए-तमन्ना[1] दिल में है

1 तमन्ना की हलचल

घर पे रख कर आए जितनी 'अक़्ल जिस 'आक़िल[1] में है
सोच कर रखे क़दम 'मज्ज़ूब' इस महफ़िल में है

1 बुद्धिमान

क्या किसी से मैं कहूँ क्या है मज़ा आज की रात
मैं हूँ तन्हाई है और याद-ए-ख़ुदा[1] आज की रात

1 ईश्वर की याद

दिल में इस दर्जा बढ़ी याद-ए-ख़ुदा आज की रात
दोनों आलम[1] के मैं ग़म भूल गया आज की रात

1 संसार

वो मज़ा है वो मज़ा है वो मज़ा आज की रात
जैसे जन्नत में हूँ मैं नाम-ए-ख़ुदा आज की रात

सारी दुनिया नज़र आती है पुर-अनवार[1] मुझे
दिल है पुर-कैफ़[2] शब-ए-क़द्र[3] है क्या आज की रात

1 प्रकाशित 2 मस्त 3 रमज़ान की अंतिम पाँच विषम संख्या वाली पवित्र रातें

ग़म दो-आलम[1] के मिटे, ले के जो बैठा तस्बीह
दर्द-ए-दिल[2] की मिरे हाथ आई दवा आज की रात

1 दोनों जगत का दु:ख 2 दिल का दर्द

लाख हो सुब्ह मगर दिल में यही कैफ़[1] रहे
हो कभी ख़त्म न ऐ मेरे ख़ुदा आज की रात

1 मस्ती

मिरे सामने लो न नाम-ए-मोहब्बत[1]
छलक जाएगा हाय जाम-ए-मोहब्बत[2]

1मोहब्बत का नाम 2 मोहब्बत का जाम

ठहर याद-ए-जानाँ[1] ठहर मेरे दिल में
यही है यही है मक़ाम-ए-मोहब्बत[2]

1 महबूब की याद 2 प्रेम का स्थान

न रुक हाय क़ासिद[1] न रुक हाय क़ासिद
कहे जा कहे जा पयाम-ए-मोहब्बत[2]

1 दूत, संदेशवाहक 2 प्रेम का सन्देश

हवस[1] कर न मुन'इम[2] कहाँ तेरी क़िस्मत
मुक़द्दर से मिलता है जाम-ए-मोहब्बत[3]

1 इच्छा 2 समृद्ध 3 मोहब्बत का जाम

ख़ुदा ही अगर दे तो दौलत मिले ये
करें लाख हम एहतिमाम-ए-मोहब्बत[1]

1 मोहब्बत का प्रयास

न 'मज्ज़ूब' सा कोई दुनिया में देखा
तमाम-ए-जुनून[1]-ओ-तमाम-ए-मोहब्बत[2]

1संपूर्ण दीवाना 2 संपूर्ण प्रेम

❁

किसी को तसव्वुर[1] में लाता चला जा
सर-ए-राह[2] आँखें बिछाता चला जा

1 ध्यान 2 मार्ग में

ज़माने को 'आशिक़ बनाता चला जा
मोहब्बत की दौलत लुटाता चला जा

रुलाता चला जा , हँसाता चला जा
लगाता चला जा बुझाता चला जा

न रुक हाय साक़ी न रुक हाय साक़ी
पिलाता चला जा पिलाता चला जा

ज़माना अगर ग़म पे ग़म दे रहा है
तू बोतल पे बोतल चढ़ाता चला जा

दो 'आलम को मस्त आज 'मज्ज़ूब' कर दे
कलाम-ए-मोहब्बत[1] सुनाता चला जा

1 मोहब्बत की बात

न समझा 'उम्र-भर कोई कि मैं भी तेरा बिस्मिल[1] था
लबों पर थी हँसी ज़ख़्मों से गो छलनी मिरा दिल था
1 घायल

झुका सर ग़ैर के आगे न दिल दुनिया पे माइल था
सरों में सर मिरा सर था दिलों में दिल मिरा दिल था

हज़ारों ज़ख़्म खा कर भी न तड़पा हाय मजबूरी
बस इक तस्वीर-ए-बे-ताबी[1] सरापा तेरा बिस्मिल था
1 बेताबी की तस्वीर

बहर-सूरत[1] थी इक तकलीफ़ बीमारी-ए-उल्फ़त[2] में
मुझे आसान था मरना मगर परहेज़ मुश्किल था
1 हर स्थिति में 2 प्रेम का रोग

ग़नीमत है कि मुझ को क़ा'र-ए-दरिया[1] ने जगह दे दी
वबाल-ए-दोश[2] मौज-ए-आब[3] था मैं बार-ए-साहिल[4] था
1 दुनिया की गहराई 2 कंधे का बोझ 3 पानी की मौज 4 किनारा का बोझ

ख़ुदा 'मज्ज़ूब' को रखे सलामत उस ने चौंकाया
जिसे मंज़िल समझ रखा था वो इक ख़्वाब-ए-मंज़िल[1] था
1 मंज़िल का स्वप्न

न ख़ल्वत[1] में भी रह सके हम अकेले
कि दिल में लगे हैं हसीनों के मेले

1एकांत

लड़कपन में हम 'इश्क़ का खेल खेले
वो तुतला के कहना अले ले अले ले

इधर आ कलेजे से तुझ को लगा लें
कि तू भी अकेला है हम भी अकेले

अरे कल अचानक चले आने वाले
बहुत आज घबरा रहे हैं अकेले

अब ऐसे को क्या कह सके कोई ज़ालिम
जो चुपके ही से चुटकियाँ दिल में ले ले

अरे कुछ तो 'मज्ज़ूब' यारों का हक़ भी
ये छुप-छुप के पीना अकेले अकेले

टुकड़े टुकड़े तिरे हाथों ये मिरा दिल हो जाए
किसी क़ाबिल जो नहीं वो इसी क़ाबिल हो जाए

बन के आईना जो उस रुख़[1] के मुक़ाबिल हो जाए
फिर तो ये दिल मिरा दिल कहने के क़ाबिल हो जाए
1 चेहरा

जिस जगह बैठ रहूँ थक के वो मंज़िल हो जाए
जिस जगह डूब के रह जाऊँ वो साहिल हो जाए

जो भी होना है उधर या इधर ऐ दिल हो जाए
दू-बदू[1] आज तू उनसे सर-ए-महफ़िल[2] हो जाए
1 आमने सामने 2 महफ़िल में

डर ये है मिलना न हो जाए तिरा ना-मुम्किन[1]
ग़म नहीं इसका कि मुश्किल से भी मुश्किल हो जाए
1 असंभव

दिल ही दिलबर तिरा बन जाए ये फिर ऐ मज्ज़ूब
दिल ही दिल में जो फ़ना आरज़ू-ए-दिल[1] हो जाए
1 दिल की इच्छा

करम के भरोसे जो मय-ख़्वारियाँ[1] हैं
वो मय-ख़्वारियाँ क्या निको-कारियाँ[2] हैं

1 मदिरापान 2 अच्छे काम,भलाई

न लो नाम-ए-उल्फ़त[1] जो ख़ुद्दारियाँ[2] हैं
बहुत ज़िल्लतें[3] हैं बड़ी ख़्वारियाँ[4] हैं

1 मोहब्बत का नाम 2 आत्मसम्मान 3 अपमान 4 अनादर

किसी को किसी से किसी को किसी से
हमें अपनी हस्ती से बे-ज़ारीयाँ[1] हैं

1 घृणा

हमीं जब न फैलाएँ दामन मिले क्या
उधर से तो हर दम गुहर-बारियाँ[1] हैं

1 मोतियों की वर्षा

न घबरा कोई दिल में घर कर रहा है
मुबारक किसी की दिल-आज़ारियाँ[1] हैं

1 कष्ट

निकम्मा हुआ मैं तो 'मज्ज़ूब' क्या ग़म
बड़ी कार-आमद ये बे-कारियाँ हैं

तसव्वुर 'अर्श पर है वक़्फ़-ए-सज्दा[1] है जबीं[2] मेरी
मिरा अब पूछना क्या आसमाँ मेरा ज़मीं मेरी

1 सज्दा में 2 माथा

अगर इक तू नहीं मेरा तो कोई शय[1] नहीं मेरी
जो तू मेरा तो सब मेरा फ़लक[2] मेरा ज़मीं मेरी

1 वस्तु 2 आकाश

ख़ुदा-रा[1] यूँ न आ बालों को खोले झूमता साक़ी
अरे नीयत न डाँवाँ-डोल हो जाए कहीं मेरी

1 ईश्वर के लिए

उधर तू दर[1] न खोलेगा इधर मैं दर न छोड़ूँगा
हुकूमत अपनी अपनी है कहीं तेरी कहीं मेरी

1 दरवाज़ा

जो हारा हूँ किसी से मैं तो हारा हूँ मुक़द्दर से
जो टूटी है कहीं हिम्मत तो टूटी है यहीं मेरी

❁

हर चीज़ में 'अक्स-ए-रुख़-ए-ज़ेबा[1] नज़र आया
'आलम[2] मुझे सब जल्वा ही जल्वा नज़र आया

1 ईश्वर की परछाई 2 संसार

तू कब किसी तालिब[1] को सरापा नज़र आया
देखा तुझे इतना जिसे जितना नज़र आया

1 साधक

सब दौलत-ए-कौनैन[1] जो दी 'इश्क़ के बदले
इस भाव ये सौदा मुझे सस्ता नज़र आया

1 दोनों जगत की संपत्ति

नाकाम ही ता-'उम्र[1] रहा तालिब-ए-दीदार[2]
हर जल्वा तिरा बा'द को पर्दा नज़र आया

1 जीवन भर 2 दर्शन का इच्छुक

'मज्ज़ूब' कभी सोज़[1] कभी साज़[2] है तुझ में
तू 'मीर'[3] कभी और कभी 'सौदा'[4] नज़र आया

1 दुःख 2 ख़ुशी 3 एक कवि 4 एक कवि

'मज्ज़ूब' के जज़्बे की जो समझे न हक़ीक़त
उन 'अक़्ल के अंधों को ये 'सौदा'[1] नज़र आया

1 पागल

न शौकत[1] ले के आया हूँ न 'अज़्मत[2] ले के आया हूँ
मोहब्बत ले के आया हूँ मोहब्बत ले के आया हूँ

1 शान-ओ-शौकत 2 ठाट-बाट

अज़ल[1] से मैं तुम्हारी इक अमानत ले के आया हूँ
तुम्हें देने को ये दर्द-ए-मोहब्बत[2] ले के आया हूँ

1 अनादिकाल 2 मोहब्बत का दर्द

मिरे पास और क्या है बस ये नालें[1] हैं ये आहें हैं
जो समझें आप भी दौलत ये दौलत ले के आया हूँ

1 रोना-धोना

कोई कुछ ले के आया है कोई कुछ ले के आया है
मैं हैरत ले के आया हूँ मैं हैरत ले के आया हूँ

नहीं मजनून-ए-दीवाना[1] मैं हूँ 'मज्ज़ूब'-ए-मस्ताना[2]
अज़ल से मैं ये मस्ताना तबी'अत ले के आया हूँ

1 मजनूँ और दीवाना 2 मस्त मज्ज़ूब

किसी के दर से लौटे हैं जो सब दामन भरे ऐ दिल
तो मैं 'मज्ज़ूब' भी इक ख़ास दौलत ले के आया हूँ

किसे देख कर आज हम आ रहे हैं
कि आँखों से अनवार[1] बरसा रहे हैं

1 रौशनियाँ

कहीं देखो वो तो नहीं आ रहे हैं
कि हम दर्द-ए-दिल[1] में कमी पा रहे हैं

1 दिल का दर्द

जिधर जज़्ब हम को लिए जा रहा है
किए बंद आँखें चले जा रहे हैं

यहाँ उन को आना नहीं है तो फिर क्यूँ
तसव्वुर में आ आ के तड़पा रहे हैं

मिरे सारे शिकवे किए रद ये कह कर
बजा आप इरशाद फ़रमा रहे हैं

ये सब सोच कर दिल लगाया है नासेह[1]
नई बात क्या आप फ़रमा रहे हैं

1 उपदेशक

पस-ए-पर्दा[1] तुझे हर बज़्म[2] में शामिल समझते हैं
कोई महफ़िल हो हम उस को तिरी महफ़िल समझते हैं

1 पर्दा के पीछे 2 महफ़िल

बड़े हुशियार हैं वो जिन को सब ग़ाफ़िल समझते हैं
नज़र पहचानते हैं वो मिज़ाज-ए-दिल[1] समझते हैं

1 दिल का स्वभाव

वो ख़ुद कामिल[1] हैं मुझ नाक़िस[2] को जो कामिल समझते हैं
वो हुस्न-ए-ज़न[3] से अपना ही सा मेरा दिल समझते हैं

1 परिपूर्ण 2 अपूर्ण 3 किसी के बारे में अच्छा विचार

समझता है गुनह[1] रिंदी[2] को तू ऐ ज़ाहिद-ए-ख़ुद-बीं[3]
और ऐसे ज़ोह्द[4] को हम कुफ़्र में दाख़िल समझते हैं

1 पाप 2 शराबीपन 3 अहंकारी तपस्वी 4 तपस्या

समझता है ग़लत लैला को लैला क़ैस दीवाना
नज़र वाले तो लैला को भी इक महमिल[1] समझते हैं

1 ऊँट पर रखी जाने वाली काठी

सड़ी दीवाना सौदाई जो चाहे सो कहे दुनिया
हक़ीक़त-बीं[1] मगर 'मज्ज़ूब' को 'आक़िल[2] समझते हैं

1 यथार्थवादी 2 बुद्धिमान

चमकने लगा सर-ब-सर[1] नूर हो कर
मैं जल जाने वाला नहीं तूर[2] हो कर

1 पूर्णत: 2 एक पहाड़

न पास आओ इतने चलो दूर हो कर
मैं कुछ और कह दूँ न मंसूर हो कर

न तरसाओ हर गाम[1] पर दूर हो कर
कोई हार बैठे न मजबूर हो कर

1 क़दम

हदें 'इश्क़ की कर रहे हैं वो क़ाइम
कभी पास आकर कभी दूर हो कर

न जीने से ख़ुश हूँ न मरना रवा[1] है
ये जीने में जीना है मजबूर हो कर

1 उचित

मैं 'मज्ज़ूब' हूँ जज़्ब-ए-उल्फ़त[1] सलामत
बचोगे कहाँ मुझ से तुम दूर हो कर

1 मोहब्बत में लीन

❁

जहाँ में हर-सू[1] है उस का जल्वा कहाँ नहीं है किधर नहीं है
वो ज़र्रे-ज़र्रे[2] में जल्वा-गर है मगर कोई दीदा-वर[3] नहीं है

1 चारों ओर 2 कण-कण 3 पारखी

हँसी भी है मेरे लब[1] पे हर दम और आँख भी मेरी तर[2] नहीं है
मगर जो दिल रो रहा है पैहम[3] किसी को उस की ख़बर नहीं है

1 होंठ 2 भीगा 3 निरंतर

'अबस[1] कहता है चारा-गर[2] यहाँ तक था यहाँ तक है
वो क्या जाने कि ज़ख़्म-ए-दिल[3] कहाँ तक था कहाँ तक है

1 व्यर्थ 2 उपचारक 3 दिल का घाव

कटी रोते ही अब तक 'उम्र आगे देखिए क्या हो
बताऊँ क्या कि दिल में ग़म कहाँ तक था कहाँ तक है

वहाँ तक क़ैस[1] कब पहुँचा वहाँ फ़रहाद[2] कब आया
बयाबान-ए-गुज़र[3] अपना जहाँ तक था जहाँ तक है

1 मजनूँ 2 शीरीन का प्रेमी 3 रास्ते का रेगिस्तान

मुझे तो 'उम्र भर रोना है यारो कोई मौसम हो
ये मत समझो मिरा नाला[1] ख़िज़ाँ[2] तक था ख़िज़ाँ तक है

1 रोना धोना 2 पतझड़

मिरे ही दिल तक आना था मिरे ही दिल तक आना है
ख़दंग-ए-नाज़[1] का पल्ला यहाँ तक था यहाँ तक है

1 नाज़ का तीर

तकल्लुफ़[1] ये तिरी ख़ामोशियाँ तुझ को मिटा देंगी
ज़माने में तिरा चरचा फ़ुग़ाँ[2] तक था फ़ुग़ाँ तक है

1 हिचकिचाहट 2 विलाप

घटा उट्ठी है तू भी खोल ज़ुल्फ़-ए-'अम्बरीं[1] साक़ी
तिरे होते फ़लक[2] से क्यूँ हो शर्मिंदा ज़मीं साक़ी

1 'ख़ुशबुदार ज़ुल्फ़ें 2 आकाश

ये किस भट्टी की दी तू ने शराब-ए-आतिशीं[1] साक़ी
कि पीते ही रगों में बिजलियाँ सी भर गईं साक़ी

1 तेज़ शराब

यहीं से पाऊँगा हर ने'मत-ए-दुनिया-ओ-दीं[1] साक़ी
कहीं क्यूँ जाऊँ तेरे मय-कदा[2] में क्या नहीं साक़ी

1 भौतिक और लौकिक लाभ 2 मय-ख़ाना

जो तर-दामन[1] है तेरा पाक दामानों से बेहतर है
गरेबाँ चाक है अश्कों[2] से तर[3] है आस्तीं साक़ी

1 पापी 2 आँसू 3 भीगा

वही बातें तो 'मज्ज़ूब' अपनी बड़ में कह सुनाता है
ज़रा सँभले हुए लफ़्ज़ों में जो तूने कहीं साक़ी

'अजब मशरब[1] है तेरा तुझ को ऐ 'मज्ज़ूब' क्या समझें
कहीं पीर-ए-मुग़ाँ[2] तू है कहीं मय-कश कहीं साक़ी

1 पन्थ 2 मदिरालय का प्रबंधक

ये कौन आया कि धीमी पड़ गई लौ शम्अ'-ए-महफ़िल[1] की
पतंगों के 'एवज़[2] उड़ने लगीं चिंगारियाँ दिल की

1 महफ़िल का चराग़ 2 बदले

बहुत ख़ुश हैं अभी खुल जाएँ आँखें अहल-ए-महफ़िल[1] की
क्या पेश-ए-नज़र[2] कर दूँ मैं बज़्म-आराईयाँ[3] दिल की

1 महफ़िल के लोग 2 सामने 3 महफ़िलें सजाना

बस अब क्या ग़म ये सुन ली है बशारत[1] पीर-ए-कामिल[2] की
सफ़ीर-ए-कामयाबी[3] हैं यही नाकामियाँ दिल की

1 ख़ुश-ख़बरी 2 उत्तम गुरु-धर्मात्मा 3 कामयाबी का राजदूत

हमें तो रात दिन ऐ हम-सफ़र चलने से मतलब है
सफ़र महदूद[1] हो जिन का उन्हें हो फ़िक्र मंज़िल की

1 सीमित

कहीं कौन-ओ-मकाँ[1] में जो न रखी जा सकी ऐ दिल
ग़ज़ब देखा वो चिंगारी मिरी मिट्टी में शामिल की

1 दोनों जगत

कोई दिल-लगी दिल लगाना नहीं है
ग़ुलामी है ये दोस्ताना नहीं है

जो क़िस्मत में वो आस्ताना नहीं है
तो फिर कोई मेरा ठिकाना नहीं है

बशर[1] फिर तो है एक मिट्टी का तूदा[2]
तबी'अत अगर 'आशिक़ाना नहीं है

1 मनुष्य 2 ढेर

समझ 'इश्क़ से हुस्न को भी न ख़ाली
मोहब्बत तो है वालिहाना[1] नहीं है

1 प्रेमियों जैसा

वो तीर-ए-बला[1] का निशाना है ऐ दिल
जो तीर-ए-नज़र[2] का निशाना नहीं है

1 मुसीबत का तीर 2 नज़र का तीर

नज़र आए मज्ज़ूब बज़्म-ए-बुताँ[1] में
कोई शय[2] ब'ईद-अज़-ज़माना[3] नहीं है

1 प्रेमियों की सभा 2वस्तु 3 असंभव

❁

उठ जाए अभी काम लें हिम्मत से अगर हम
इक यूँ ही सा पर्दा है इधर वो हैं उधर हम

वो सुब्ह को आएँगे ये सुनते हैं ख़बर हम
हम भी उन्हें देखेंगे जो देखें सहर[1] हम

1 सुब्ह

सौ बार किया 'अह्द[1] न जाएँगे उधर हम
फिर शौक़ से हो हो गए मजबूर मगर हम

1 प्रतिज्ञा

दम भर तो भला कोई हमें जी के दिखा दे
कर लाए हैं जिस हाल में इक 'उम्र बसर हम

महरूम दर-ए-फ़ैज़[1] से कोई नहीं जाता
आए हैं बहुत दूर से ये सुन के ख़बर हम

1 कृपा की चौखट

सालिक[1] हमें रखना नहीं मंज़ूर उन्हीं को
फिर हो गए 'मज्ज़ूब' मिलाते ही नज़र हम

1 साधक

वफ़ा कर के उस का सिला चाहता हूँ
बड़ा ना-सज़ा[1] हूँ सज़ा चाहता हूँ

1 अयोग्य

मैं अपने इरादे से क्या चाहता हूँ
ख़ुदा ही का चाहा हुआ चाहता हूँ

बुतों को बराए-ख़ुदा[1] चाहता हूँ
सर-ए-ख़म[2] दिल-ए-मुब्तला[3] चाहता हूँ

1 ईश्वर के लिये 2 झुका हुआ सिर 3 प्यार में फंसा दिल

रहा 'उम्र भर चुप मैं यूँ उन के आगे
कि जैसे कुछ उन से कहा चाहता हूँ

सताए भी कोई तो पाए दु'आएँ
गदा[1] हूँ मैं सब का भला चाहता हूँ

1 फ़क़ीर

जो कर दे मुझे गुम किसी की तलब में
मैं ऐसा कोई रहनुमा चाहता हूँ

❀

जब किसी से लौ लगा ली जाएगी
तब ये आशुफ़्ता-ख़याली[1] जाएगी

1 विचलित विचार

लाख हो बहर-ए-मोहब्बत[1] पुर-ख़तर[2]
कश्ती-ए-दिल[3] उस में डाली जाएगी

1 मोहब्बत का दरिया 2 ख़तरनाक 3 दिल की नाव

जिस को ताकूँगा नशेमन[1] के लिए
वो ही डाली काट डाली जाएगी

1 घोंसला

सब तिरा पर्दा धरा रह जाएगा
जब ज़रा गर्दन झुका ली जाएगी

शैख़ पीने का इरादा तो करें
हौज़-ए-कौसर[1] से मँगा ली जाएगी

1 स्वर्ग का कुआँ

मस्तियाँ 'मज्ज़ूब' अब ज़ेबा[1] नहीं
वक़'अत-ए-पीराना-साली[2] जाएगी

1 उचित 2 बुढ़ापा की प्रतिष्ठा

ज़बाँ ही पे है बस कलाम-ए-मोहब्बत[1]
मोहब्बत नहीं ये है नाम-ए-मोहब्बत[2]

1 मोहब्बत की बात 2 मोहब्बत का नाम

'अता कर इलाही ब-नाम-ए-मोहब्बत[1]
कमाल-ए-मोहब्बत[2] दवाम-ए-मोहब्बत[3]

1 मोहब्बत के नाम पर 2 मोहब्बत की पराकाष्ठा 3 शाश्वत प्रेम

मोहब्बत के बदले मोहब्बत सितम है
न ले उफ़ न ले इंतिक़ाम-ए-मोहब्बत[1]

1 मोहब्बत का बदला

ये था कौन ग़ारत-गर-ए-दीन-ओ-ईमाँ[1]
अरे ले दिया किस ने नाम-ए-मोहब्बत

1 धर्म और ईमान के लूटने वाला

मोहब्बत को लाज़िम हैं रुस्वाइयाँ[1] भी
मुहिब[2] ही नहीं नेक-नाम-ए-मोहब्बत[3]

1 अपमान 2 प्रेमी 3 अच्छे नाम वाला

जो 'मज्ज़ूब' के हाथ में हाथ दे दो
तो हों दम में तय सब मक़ाम-ए-मोहब्बत[1]

1 मोहब्बत का मंज़िल

पहुँचा हूँ जहाँ मैं ने बदल दी हैं फ़ज़ाएँ[1]
आते ही मुबद्दल[2] हुईं आहों से हवाएँ

1 वातावरण 2 परिवर्तित

निकली हैं लब-ए-तिश्ना[1] से आहें कि हवाएँ
हर-सू[2] चली आती हैं घिर-घिर के घटाएँ

1 प्यासे होंठ 2 चारों ओर

ये अब्र[1] ये मंज़र[2] ये हवाएँ ये फ़ज़ाएँ[3]
क्या शाहिद-ए-फ़ितरत[4] की हैं मस्ताना अदाएँ

1 बादल 2 दृश्य 3 वातावरण 4 प्रकृति सर्जक

आएँ तो वो क्यूँ कर मिरी पहँचान में आएँ
बे-रंग हैं सौ रंग की लेकिन हैं क़बाएँ[1]

1 पोशाक

महफ़िल में ज़रा हम से वो आँखें तो मिलाएँ
जो दिल में है कह जाएँ सब और लब[1] न हिलाएँ

1 होंठ

'मज्ज़ूब' 'अजब उन की हैं मस्ताना अदाएँ
हर हाल में है कैफ़[1] रुलाएँ कि हँसाएँ

1 आनंद

कुछ इंतिहा[1] है भला आपके सताने की
कि हिस[2] भी अब नहीं बाक़ी सताए जाने की
1 अंत 2 एहसास

भरी हैं दिल में तमन्नाएँ इक ज़माने की
सुनाईए न ख़बर ये अभी से जाने की

ये अल्लाह अल्लाह कशिश तेरे आस्ताने की
हिला सकीं न मुझे गर्दिशें ज़माने की

अदा ये देख के 'आशिक़ को मुस्कुराने की
हुज़ूर रखती है रुस्वाइयाँ ज़माने की

बस अपने आपको राह-ए-तलब[1] में गुम कर दो
यही सबील[2] है अब दिल-रुबा के पाने की
1 चाहत का रास्ता 2 माध्यम

पढ़ी हिकायत-ए-मज्नूँ[1] सुन अब ग़म-ए-मज्ज़ूब[2]
ये है फ़साना वो तमहीद[3] थी फ़साने[4] की
1 मज्नूँ का क़िस्सा 2 मज्ज़ूब का दु:ख 3 भूमिका 4 क़िस्सा

वो हू-हक़ अब कहाँ अफ़्सुर्दा[1] है मय-ख़ाना बरसों से
नहीं क़ाएम हुई है मज्लिस-ए-रिंदाना[2] बरसों से

1 बे-रौनक़ 2 शराब की महफ़िल

है बरगश्ता[1] किसी की नर्गिस-ए-मस्ताना[2] बरसों से
लिए फिरता हूँ मैं अपना तही-पैमाना[3] बरसों से

1 फिरा हुआ 2 मस्त आँख 3 ख़ाली प्याला

न आई मेरी नौबत[1] वाय[2] साक़ी हाय महरूमी[3]
बराबर गो[4] है गर्दिश में तिरा पैमाना बरसों से

1 बारी 2 अफ़सोस 3 दुर्भाग्य 4 यद्यपि

सुराही दर-बग़ल[1] साग़र-ब-कफ़[2] मस्ताना-वार[3] आ जा
लगाए आसरा बैठा है इक मस्ताना बरसों से

1 बग़ल में 2 प्याला हाथ में 3 मस्तों की तरह

दिल-ए-पुर-शौक़[1] रोज़ इस बज़्म[2] में इस तर्ह जाता है
कि देखी हो न जैसे सूरत-ए-जानाना[3] बरसों से

1 शौक़ से भरा दिल 2 महफ़िल 3 महबूब की सूरत

कभी मज्नूँ सुनाता था और अब 'मज्ज़ूब' से सुन लो
चला आता है दुनिया में मिरा अफ़्साना बरसों से

वहाँ भी कोई बह कर अश्क[1] पहुँचा है मगर अपना
बहुत याद आ रहा है आज जो ग़ुर्बत[2] में घर अपना

1 आँसू 2 परदेस

लगा दे मुँह से ख़ुम1 साक़ी कि हैं मुद्दत के प्यासे हम
न होगा हल्क़ भी उस शीशा-ए-साग़र[2] से तर अपना

1 शराब का बर्तन 2 शीशा का प्याला

ये दर्द ऐ बद-गुमाँ कुछ देखने की चीज़ अगर होती
मैं रख देता तिरे आगे कलेजा चीर कर अपना

तहय्युर,[1] यास,[2] सोज़िश,[3] गिर्या,[4] नाला,[5] आह, ग़म, हसरत
बहलता है इन्हीं आठों से दिल आठों पहर अपना

1 आश्चर्य 2 ना-उमीदी 3 जलन 4 रोना धोना 5 फ़रियाद

न बे-दर्दी से जा यूँ नीम-बिस्मिल[1] छोड़ कर ज़ालिम
तिरे क़ुर्बान हाँ इक और भी तीर-ए-नज़र[2] अपना

1 आधा वध किया हुआ,घायल 2 आँख का तीर

वो सौदा[1] दे मुझे जिस का असर जमइ'य्यत-ए-दिल[2] हो
बना दे ऐ ख़ुदा 'मज्ज़ूब' को आशुफ़्ता-सर[3] अपना

1 दीवानगी 2 दिल की शांति 3 दीवाना

❁

जिए यहाँ के लिए या मरे वहाँ के लिए
अकेला-दम करे क्या क्या कहाँ कहाँ के लिए

सबब न पूछ कि ये इब्तिदा की बातें हैं
फ़ुग़ाँ[1] ही अब तो सबब है मिरी फ़ुग़ाँ के लिए

1 विलाप

न राज़-ए-हुस्न[1] की तफ़्सील[2] पूछ ऐ हमदम
ख़ुलासा ये कि आफ़त है राज़-दाँ[3] के लिए

1 हुस्न का भेद 2 विवरण 3 भेद जाननेवाला

न बैठ मुतमइन ऐ दिल कि है ये नादानी
वो इम्तिहाँ से गुरेज़ाँ[1] हैं इम्तिहाँ के लिए

1 अनिच्छुक

उठेंगे हश्र में कहते हुए कि हाय ग़ज़ब
रहेगा ख़ूब ये उ'न्वान[1] दास्ताँ के लिए

1 शीर्षक

न समझो बड़ इसे 'मज्ज़ूब' की बग़ौर सुनो
ये एक गंज-ए-मआ'नी[1] है नुक्ता-दाँ[2] के लिए

1 अर्थ का खज़ाना 2 बुद्धिमान

हिजाब औरों को दुनिया-ए-दनी[1] मा'लूम होती है
मुझे हर-सू[2] तिरी जल्वा-गरी[3] मा'लूम होती है

1 तुच्छ संसार 2 चारों तरफ़ 3 अभिव्यक्ति

मिज़्ग़ा[1] तर[2] हैं न आँखों में नमी मा'लूम होती है
उन्हें इस दिल के रोने पर हँसी मा'लूम होती है

1 पलक 2 भीगा

मैं रोना अपना रोता हूँ तो वो हँस हँस के सुनते हैं
उन्हीं दिल की लगी इक दिल-लगी मा'लूम होती है

इक ऐसा वक़्त भी आता है दौरान-ए-मोहब्बत[1] में
कि नग़्मा[2] नौहा[3] और शादी ग़मी मा'लूम होती है

1 मोहब्बत के बीच 2 गीत 3 विलाप

जो मैं दिन-रात यूँ गर्दन झुकाए बैठा रहता हूँ
तिरी तस्वीर सी दिल में खिंची मा'लूम होती है

बना रखी है 'मज्ज़ूब' अपनी हालत क्यूँ ख़राब ऐसी
तिरी सूरत तो ये अच्छी भली मा'लूम होती है

❁

जो सूरत-गीर[1] हुस्न-ओ-'इश्क़ की दुनिया कहीं होती
तिरे ज़ौ[2] का फ़लक[3] बनता मिरी ज़िल्ल[4] की ज़मीं होती

1 शक्ल बनाने वाला 2 प्रकाश 3 आकाश 4 परछाई

बस अब हम-दमो कोई जगह ऐसी कहीं होती
अकेले बैठे रहते याद उन की दिल-नशीं[1] होती

1 दिल में बसने वाला

दिखा देते मज़ा फिर तुम को हम अपने तड़पने का
जो 'आलम[1] बे-फ़लक[2] होता जो दुनिया बे-ज़मीं[3] होती

1 संसार 2 बिना आसमान के 3 बिना ज़मीन के

सितारों को ये हसरत है कि होते वो मिरे आँसू
तमन्ना कहकशाँ[1] को है वो मेरी आस्तीं होती

1 आकाशगंगा

नहीं करते हैं वा'दा दीद का वो हश्र[1] से पहले
दिल-ए-बेताब[2] की ज़िद है अभी होती यहीं होती

1 क़ियामत 2 बे-चैन दिल

ज़रा देखो तो तुम इंसाफ़ से 'मज्ज़ूब' की हैअत[1]
मोहब्बत के रिया-कारों[2] की ये सूरत नहीं होती

1 हालत 2 दिखावा करने वाला

हक़ीक़त में तो मय-ख़ाना जभी मय-ख़ाना होता है
तिरे दस्त-ए-करम[1] में जब कभी पैमाना होता है
1 कृपालु हाथ

नया तौबा-शिकन[1] जब दाख़िल-ए-मय-ख़ाना[2] होता है
न पूछो फिर जो रंग-ए-महफ़िल-ए-रिंदाना[3] होता है
1 तौबा तोड़ने वाला 2 मय-ख़ाना में आगमन 3 मस्तों की महफ़िल का रंग

ब-ज़ाहिर[1] देखने में होती है सज-धज फ़क़ीराना[2]
दिमाग़ उन के गदाओं[3] का मगर शाहाना होता है
1 वास्तव में 2 फ़क़ीरों जैसा 3 फ़क़ीरों

इधर लड़ती हैं नज़रें दिल उधर आपस में मिलते हैं
हसीनों से 'अजब अंदाज़ पर याराना[1] होता है
1 दोस्ती

बहार आई बढ़ा सौदा[1] ख़िज़ाँ[2] आई बढ़ी वहशत[3]
जो होता है ब-पास-ए-ख़ातिर-ए-दीवाना[4] होता है
1 दीवानगी 2 पतझड़ 3 दीवानगी 4 दीवानों का दिल रखेने के लिए

क़ियामत है तिरे 'मज्ज़ूब' का मजनून[1] हो जाना
वो जब दीवाना होता है ग़ज़ब दीवाना होता है
1 पागल

❋

वो पहले ग़म दिया करते हैं फिर मसरूर[1] करते हैं
तसल्ली हम तिरी ऐ ख़ातिर-ए-रंजूर[2] करते हैं

1 ख़ुश 2 दुखित दिल

नहीं होता नहीं होता किसी 'उन्वान[1] ग़म हल्का
बहुत तदबीर तस्कीन-ए-दिल-ए-रंजूर[2] करते हैं

1 प्रकार 2 दुखी दिल की तसल्ली

'अजब सरकार है उनकी सितम ही में करम[1] देखा
वही मक़बूल[2] होता है जिसे मक़हूर[3] करते हैं

1 कृपा 2 प्रिय 3 दण्डित

मज़ा आता है उनको छेड़ने में अपने 'आशिक़ के
कभी मग़्मूम[1] करते हैं कभी मसरूर करते हैं

1 उदास

अदा से देख लेते हैं मैं जब जाने को कहता हूँ
फिर इस पर कहते हैं हम कब तुम्हें मजबूर करते हैं

वो याद आ आ के तड़पाते हैं बरसों हाय फिर क्या क्या
जो दम भर के लिए आकर कभी मसरूर करते हैं

बस अब एक ही आश्ना[1] चाहता हूँ
हटो दोस्तो रास्ता चाहता हूँ

1 मित्र,परिचित

तिरे 'इश्क़ में और क्या चाहता हूँ
रज़ा[1] चाहता हूँ रज़ा चाहता हूँ

1 प्रसन्नता

मैं उस बे-वफ़ा से वफ़ा चाहता हूँ
मुझे देखिए किस से क्या चाहता हूँ

इधर से हो शौक़ और उधर से कशिश हो
मैं बे-दस्त-ओ-पा[1] दस्त-ओ-पा[2] चाहता हूँ

1 बिना हाथ पांव का 2 हाथ और पांव

करम के भरोसे में कितना जरी[1] हूँ
ख़ता कर के उन से 'अता[2] चाहता हूँ

1 निडर 2 पुरस्कार

रहूँ मैं न 'मज्ज़ूब' बन जाऊँ सालिक[1]
ये तौफ़ीक़[2] अब ऐ ख़ुदा चाहता हूँ

1 साधक 2 दैवीय मार्गदर्शन

जो चुप बैठूँ तो इक कोह-ए-गिराँ[1] मा'लूम होता हूँ
जो लब खोलूँ तो दरिया-ए-रवाँ[2] मा'लूम होता हूँ

1 भारी पहाड़ 2 बहता दरिया

अलग सब से हूँ सब के दरमियाँ मा'लूम होता हूँ
कहाँ पहुँचा हुआ हूँ मैं कहाँ मा'लूम होता हूँ

मैं यूँ तो ज़ाहिदो इक क़तरा-ए-ना-चीज़[1] हूँ बे-शक
मगर पी लूँ तो बहर-ए-बे-कराँ[2] मा'लूम होता हूँ

1 एक तुच्छ बूँद 2 अपार सागर

दर-ए-जानाँ[1] पे जिस दम टेक देता हूँ जबीं[2] अपनी
सर-ए-'अर्श-ए-बरीं[3] फिर बे-गुमाँ[4] मा'लूम होता हूँ

1 महबूब का द्वार 2 माथा 3 ईश्वर के सिंहासन पर 4 निस्संदेह

तसव्वुर[1] ने किसी के मेरी दुनिया ही बदल डाली
कहाँ मा'लूम होता था कहाँ मा'लूम होता हूँ

1 ध्यान, कल्पना

किसी की याद ने क्या रफ़्ता- रफ़्ता[1] कर दिया मुझ को
बस अब इक पैकर-ए-वहम-ओ-गुमाँ[2] मा'लूम होता हूँ

1 धीरे धीरे 2 भ्रम और परिकल्पना की मूर्ति

ये क्या है तिरे होते अफ़्सुर्दा[1] है मय-ख़ाना
हाँ ऐ दिल-ए-दीवाना[2] इक ना'रा-ए-मस्ताना[3]

1 उदास 2 दीवान दिल 3 नशे में धुत स्वर

कहता हुआ फिरता है महशर[1] में ये दीवाना
यारब मिरा वीराना यारब मिरा वीराना

1 क़ियामत

है आमद-ओ-रफ़्त[1] अपनी उस बज़्म में रोज़ाना
इक दर[2] दर-ए-तौबा[3] है इक दर, दर-ए-मय-ख़ाना[4]

1आना जान 2 दरवाज़ा 3 तौबा का दरवाज़ा 4 मय-ख़ाना का दरवाज़ा

साक़ी ने बदल डाली दुनिया मिरी हस्ती की
आँखें हैं कि मयख़ाने दिल है कि परी-ख़ाना[1]

1 परी का घर

दे ताव न अब इतना कर आँच ज़रा हल्की
तेज़ी पे है मय साक़ी उड़ जाए न मय-ख़ाना

'मज्ज़ूब' को जब देखा महफ़िल की तरफ़ आते
घबरा के पुकार उट्ठे दीवाना है दीवाना

बयाँ अदना[1] सा फ़ैज़-ए-बै'अत-ए-पीर-ए-मुग़ाँ[2] कर दूँ
जो गिर जाऊँ मैं सज्दे में ज़मीं को आसमाँ कर दूँ

1 छोटा 2 गुरु से निष्ठाव्यक्त करने का लाभ

करो तुम ज़ुल्म और मैं तर्क फ़रियाद-ओ-फ़ुग़ाँ[1] कर दूँ
ज़बाँ रखते हुए अपने को क्यूँ कर बे-ज़बाँ कर दूँ

1 प्रार्थना और विलाप

जो मैं जोश-ए-जुनूँ[1] में ख़ाक[2] उड़ा कर इक फ़ुग़ाँ[3] कर दूँ
तो गर्दूं4 को ज़मीं कर दूँ ज़मीं को आसमाँ कर दूँ

1 दीवाना पन 2 मिट्टी 3 फ़रियाद 4 आसमान

न घबराओ मैं लो अब मुख़्तसर[1] ही दास्ताँ कर दूँ
इक आह-ए-जाँ-सिताँ[2] में हाल-ए-शब[3] अपना बयाँ कर दूँ

1 संक्षिप्त 2 जान लेने वाली आह 3 रात का हाल

न दुनिया ही के मैं लाएक़ न 'उक़्बा[1] ही के मैं क़ाबिल
कहाँ अपने को ग़ाएब ऐ ज़मीन-ओ-आसमाँ कर दूँ

1 क़ियामत

मैं गो 'मज्ज़ूब' हूँ लेकिन ब-फ़ैज़्ज-ए-मुर्शिद-ए-कामिल[1]
नज़र में राहज़न[2] को रहनुमा-ए-सालिकाँ कर दूँ

1 बड़े गुरू की कृपा से 2 लुटेरा 3 साधकों का मार्गदर्शन करने वाल

ज़ेब-ए-ज़मीं[1] नहीं कि तू ज़ीनत-ए-आसमाँ[2] नहीं
आँख अगर नसीब हो जल्वा तिरा कहाँ नहीं

1 धरती की सुन्दरता 2 आकाश की सुन्दरता

कहता हूँ लाख दर्द-ए-दिल[1] होता मगर बयाँ नहीं
ऐसी ज़बाँ ज़बाँ है क्या दिल की जो तर्जुमाँ नहीं

1 दिल का दर्द 2 प्रवक्ता

'इश्क़ की ज़र्ब अल-अमाँ[1] ज़ख़्म नहीं निशाँ नहीं
हुस्न का बिस्मिल[2] इक जहाँ तीर नहीं कमाँ नहीं

1 अल्लाह की पनाह 2 ज़ख़्मी

अपने मक़ाम-ए-'इश्क़[1] का हाय कहूँ मैं हाल क्या
गुम तो यहाँ हज़ार-हा फ़ुर्सत-ए-यक फ़ुग़ाँ[2] नहीं

1 इश्क़ का रुत्बा 2 फ़रियाद करने की फ़ुर्सत

जज़्ब में जब मैं आ गया पास ही तुझको पा गया
फिरता रहा सुलूक[1] में जानें कहाँ कहाँ नहीं

1 ईश्वर की खोज

जज़्ब में क्या बहार है दिल है जलवा-ज़ार[1] है
मैं हूँ और इक निगार है होश भी दरमियाँ नहीं

1 दर्शन स्थल

दिन कठिन है तो रात भारी है
ज़िंदगी क्या नफ़स-शुमारी[1] है

1 साँसों की गिनती

ग़म में क्या ज़िंदगी हमारी है
बस ये कहिए कि साँस जारी है

जब खुली आँख आह जारी है
नींद क्या है ये शब-गुज़ारी[1] है

1 रात व्यतीत करना

ये नज़र भी 'अजब तुम्हारी है
अभी मरहम अभी कटारी है

ज़िंदगी भी ये कब हमारी है
जान बख़्शी हुई तुम्हारी है

बे-ख़ुदी[1] में भी होशियारी है
अब भी मज्ज़ूब सब पे भारी है

1 आत्मविस्मृति

गर्दिश[1] में तख़य्युल का असर देख रहे हैं
मंज़िल को भी हम-रंग-ए-सफ़र[2] देख रहे हैं
1 चक्कर 2 सफ़र जैसा

अल्लाह का घर या तिरा दर देख रहे हैं
सज्दे में पड़े सैकड़ों सर देख रहे हैं

खुलती ही नहीं आँख जो उनकी शब-ए-ख़ल्वत[1]
क्या ख़्वाब में वो ग़ैर का घर देख रहे हैं
1 तन्हाई की रात

उफ़ आख़िरी दीदार भी मय्यत का है क्या चीज़
गो देख नहीं सकते मगर देख रहे हैं

मा'लूम है हम को कि न आएँगे वो हरगिज़
हम फिर भी मगर जानिब-ए-दर[1] देख रहे हैं
1 दरवाज़ा की ओर

क्या महफ़िल-ए-'उश्शाक़[1] में है सद्र[2] की हाजत
मज्ज़ूब को सब अहल-ए-नज़र[3] देख रहे हैं
1 आशिक़ों की महफ़िल 2 अध्यक्ष 3 नज़र वाले

मिरे जाम-ओ-मीना[1] नहीं जाम-ओ-मीना
ये है क़ल्ब-ए-रौशन[2] वो है चश्म-ए-बीना[3]

1 जाम और प्याला 2 रौशन दिल 3 देखनी वाली आँख

न मुतरिब[1] न साक़ी न बरबत[2] न मीना[3]
ये जीना भी है कोई जीने में जीना

1 गायक 2 एक बाजा 3 प्याला

ख़ुदा भेज दे बे-तलब[1] जाम-ओ-मीना
गुनाह-ए-कबीरा[2] है फिर भी न पीना

1 बिना मांगे 2 बड़ा पाप

हमेशा हूँ मस्त और साग़र न मीना
इसे कहते हैं देख ऐ रिंद पीना

मैं जन्नत में भी फिर रहा हूँ ये कहता
मदीना मदीना मदीना मदीना

ब-यक-जज़्ब[1] मज्ज़ूब ता-बाम[2] पहुँचा
जो सालिक[3] हैं वो आएँ ज़ीना ब-ज़ीना[4]

1 एक मस्ती में 2 कोठे तक 3 साधक 4 पग-पग

❁

इधर देख लेना उधर देख लेना
फिर उनका मुझे इक नज़र देख लेना

उन्हें इक नज़र चश्म-ए-तर[1] देख लेना
रुलाएगा ख़ूँ 'उम्र-भर देख लेना

1 भीगी आँख

इन आहों का मेरी असर देख लेना
दो-'आलम[1] को ज़ेर-ओ-ज़बर[2] देख लेना

1 दोनों जगत 2 उलट पलट

ग़ज़ब है, ग़ज़ब है, अरे उफ़ ग़ज़ब है
तिरा मुस्कुरा कर इधर देख लेना

बपा दिल में करता है इक हश्र[1] अरमाँ
अदा से तिरा इक नज़र देख लेना

1 क़ियामत

ये कर दे न मज्ज़ूब महरूम-ए-सज्दा[1]
उन्हें चार-सू[2] जल्वा-गर[3] देख लेना

1 सज्दा से वंचित 2 चारों ओर 3 प्रकट

कुछ और ही अब है मेरी दुनिया जो कोई पेश-ए-नज़र[1] नहीं है
वो हाल-ए-क़ल्ब-ओ-जिगर[2] नहीं है वो रंग-ए-शाम-ओ-सहर[3] नहीं है

1 आँखों के सामने 2 दिल का हाल 3 सुब्ह और शाम का रंग

बला है ये ज़ौक़ 'आशिक़ी का बना है जंजाल मेरे जी का
ज़रा ख़याल आ गया किसी का तो नींद फिर रात-भर नहीं है

तलब में कर तू कमी न तालिब[1] ये नूर-ए-दिल[2] हो न जाए हाजिब
ये सुब्ह-ए-काज़िब[3] है सुब्ह-ए-काज़िब सहर नहीं है सहर[4] नहीं है

1 साधक 2 दिल की रौशनी 3 झूठा सवेरा 4 सुब्ह

इसी पे रख अपनी बस नज़र तू निगह न दौड़ा इधर उधर तू
ख़ुद इस से है लाख बे-ख़बर तू वो तुझसे ख़ुद बे-ख़बर नहीं है

यहाँ की राहत है कोई राहत यहाँ की ज़हमत है कोई ज़हमत
ये इक सरा[1] है मक़ाम-ए-'इबरत[2] ये कोई रहने का घर नहीं है

1 घर 2 सबक़ सीखने का मौक़ा

ये क्या ग़ज़ब है , ये क्या ग़ज़ब है , कि ज़र की मज्ज़ूब से तलब है
वो साहिब –ए-सोज़-ओ-साज़[1] अब है , वो साहिब-ए-सीम-ओ-ज़र[2] नहीं है

1 दुःख और सुख सहन करने वाला 2 धनी

❁

जी उठे मुर्दे तिरी आवाज़ से
फिर ज़रा मुतरिब[1] उसी अंदाज़ से

1 गवय्या

इंतिहा[1] पर है नज़र आग़ाज़[2] से
हूँ मुख़ातिब[3] तूर की आवाज़ से

1 अंत 2 आरंभ 3 संबोधन करने वाला

इक नज़र में आशियाँ-गुम-कर्दा[1] को
भाँप लें हम हैअत-ए-परवाज़[2] से

1 जो अपने घोंसला से भटक गया हो 2 उड़ने की हालत

जाग उठे फ़ित्ने तो नालों[1] से मिरे
वो मगर उठ्ठे न ख़्वाब-ए-नाज़[2] से

1 रोना धोना 2 महबूब का सपना

आ रहा है हाय वो मस्त-ए-शबाब[1]
किस अदा, किस नाज़, किस अंदाज़ से

1 जवानी के नशे में चूर

होश दिलबर का तू ऐ मज्ज़ूब रख
बस अरे बस पी मगर अंदाज़ से

❁

क्या जानें किस अंदाज़ से ज़ालिम ने नज़र की
हालत ही दिगर-गूँ[1] है मिरे क़ल्ब-ओ-जिगर[2] की

1 अस्त-व्यस्त 2 दिल और जिगर

फुकता हूँ शब-ओ-रोज़ पड़ा बिस्तर-ए-ग़म पर[1]
होती है बुरी हाय लगी आग जिगर की

1दु:ख का बिस्तर

काटे नहीं कटता तिरी फुर्क़त[1] का ज़माना
होती नहीं अब शाम जो मर-मर के सहर[2] की

1 वियोग 2 सुब्ह

अग़यार[1] से हँस हँस के किया करते हैं बातें
पर्वा ही उन्हें क्या है किसी दीदा-ए-तर[2] की

1अनजाने लोग 2 भीगी आँख

हर लहज़ा[1] निगह कर के गिराते रहे बिजली
अभी ये रियाइत है मिरे सोज़-ए-जिगर[2] की

1 क्षण 2 दिल की जलन

सब छोड़ दें इस कुश्ता-ए-ग़फ़लत[1] को ख़ुदा पर
नाज़ उनका बढ़ा और भी मैंने जो ख़बर की

1 उपेक्षा का मारा हुआ

मैं ख़राब-ए-बादा-ओ-साग़र[1] रहा
दिल फ़िदा-ए-साक़ी-ए-कौसर[2] रहा

1 शराब और प्याला में बर्बाद 2 पैग़ंबर मुहम्मद पर फ़िदा

लब पे ज़िक्र-ए-ज़मज़म-ओ-कौसर[1] रहा
दिल में शौक़-ए-बादा-ओ-साग़र[2] रहा

1 ज़मज़म और कौसर का स्मरण 2 शराब और प्याला का शौक़

रुख़ किया मैंने जो दुनिया की तरफ़
साहिब-ए-ज़र[1] बंदा-ए-बे-ज़र[2] रहा

1 धनी 2 निर्धन

वो बुला लेते ये थी क़िस्मत कहाँ
ज़िक्र मेरा बज़्म में अक्सर रहा

कोई समझा रिंद[1] कोई मुत्तक़ी[2]
लब पे तौबा हाथ में साग़र[3] रहा

1 शराबी 2 तपस्स्वी 3 प्याला

क्यों रहा मज्ज़ूब बे-ग़म मुझसे सुन
बे-ग़रज़, बे-मुद्द'आ, बे-ज़र[1] रहा

1 कंगाल

ये दुनिया अहल-ए-दुनिया[1] को बसी मा'लूम होती है
नज़र वालों को ये उजड़ी हुई मा'लूम होती है
1 दुनिया वाले

मोहब्बत इब्तिदा[1] में बे-बसी मा'लूम होती है
मगर आख़िर में ये शाहंशही[2] मा'लूम होती है
1 आरंभ 2 बादशाही

न शीशा है न साग़र है न साक़ी है न दिलबर है
मुझे तो मौत अब ये ज़िंदगी मा'लूम होती है

मोहब्बत है मोहब्बत फूँक ही डाले दो-'आलम[1] को
ये चिंगारी सी जो दिल में दबी मा'लूम होती है
1 दोनों जगत

तलब करते हो दाद-ए-हुस्न[1] तुम फिर वो भी ग़ैरों से
मुझे तो सुनके भी इक 'आर सी मा'लूम होती है
1 सौन्दर्य की प्रशंसा

बना रक्खी है मज्ज़ूब अपनी हालत क्यों ख़राब ऐसी
तिरी सूरत तो ये अच्छी भली गा'लूग होती है

दिल जब ही दिल है जब उस में याद-ए-जानाना[1] रहे
घर जब ही घर है जब उस में साहिब-ए-ख़ाना[2] रहे

1 महबूब की याद 2 घर वाला

हम तो बस दुनिया में मह्व-ए-दीद-ए-जानाना[1] रहे
ग़ैर तो हैं ग़ैर ख़ुद अपने से बे-गाना रहे

1 महबूब को देखने में मगन

'आशिक़ों में कोई 'आक़िल[1] कोई दीवाना रहे
मैं हूँ वो दीवानगी में भी जो फ़र्ज़ाना[2] रहे

1 बुद्धिमान 2 होशियार

फेर लूँ रुख़ फेर लूँ हर मा-सिवा[1] से फेर लूँ
मैं रहूँ और सामने बस रु-ए-जानाना[2] रहे

1 ईश्वर के अतिरिक्त 2 महबूब का चेहरा

है यही दस्तूर साग़र[1] पुर[2] कभी ख़ाली कभी
एक हालत ही पे क्यों ये दिल का पैमाना रहे

1 प्याला 2 भरा हुआ

आ समा जा मुझमें हो पैवस्त-ए-जाँ[1] ऐ जान-ए-जाँ[2]
आँख मिरी गुलसिताँ हो दिल जिलौ-ख़ाना[3] रहे

1 जान में समाया हुआ 2 जान की जान 3 आँगन

दे रहे हैं वो निदा और तू है बड़ में मुब्तला
होश अरे उनका तो ऐ मज्ज़ूब-ए-मस्ताना[1] रहे

1 मस्त मज्ज़ूब

जो हम तर्क-ए-'आलाइक़[1] कर के कू-ए-यार[2] में आए
तो ख़ारिस्ताँ[3] से गोया[4] गुलशन-ए-बे-ख़ार[5] में आए

1 संबंध विच्छेद 2 महबूब की गली 3 जहाँ काँटे ही काँटे हों 4 माने 5 बिना काँटे क बाग़ीचा

मज़े सेह्हत से बढ़कर 'इश्क़ के आज़ार[1] में आए
न हरगिज़ फ़र्क़ यारब हालत-ए-बीमार[2] में आए

1 दुःख 2 बीमार की हालत

तिरी शीरीं-ज़बानी[1] क्या भला गुफ़तार[2] में आए
मज़े इक़रार के हमको तिरे इन्कार में आए

1 मीठी बातें 2 वाणी

ग़ज़ल-ख़्वाँ[1], शादमाँ[2], रक़्साँ[3], गहे[4] गिर्यां[5], गहे ख़ंदाँ[5]
'अजब अंदाज़ से हम कूचा-ए-दिलदार[6] में आए

1 ग़ज़ल पढ़ता हुआ 2 ख़ुश 3 नृत्य करता हुआ 4 कभी 5 हँसता हुआ 6 माशूक़ की गली

कहीं 'उश्शाक़[1] के मेले कहीं जमघट हसीनों के
यहाँ क्या आए हुस्न-ओ-'इश्क़ के बाज़ार में आए

1आशिक़ का बहुवचन

छुड़ा कर जान अपनी बे-तरह मज्ज़ूब भागा है
ख़ुदा ही है जो फिर वो लौट कर घर-बार में आए

❁

वो सो रहे हैं मुँह पे दुपट्टा जो डाल के
किन हसरतों से तकते हैं अरमाँ विसाल के

बरसात में ये उनकी अदा दे गई मज़ा
चलना उठा के पाएँचे[1] दामन सँभाल के

1 शलवार आदि का टख़नों के पास वाला हिस्सा

कम-सिन हैं डर न जाएँ वो शक्ल उस की देखकर
शब[1] आए मुँह पे चादर-ए-महताब[2] डाल के

1 रात 2 चांदनी

हाला[1] में चाँद देख के याद आ गया मुझे
खिड़की से झाँकना वो तिरा मुँह निकाल के

1 चाँद या सूरज के गिर्द पड़ने वाला घेरा

यूँ कौंदती हैं अब्र[1] में रह-रह के बिजलियाँ
याद आएँ जैसे हिज्र की शब दिन विसाल के

1 बादल

अब्र-ए-सियह[1] में बर्क़[2] मुनव्वर[3] नहीं हसन
आया है मांग कोई परी-रु[4] निकाल के

1 काला बादल 2 बिजली 3 प्रकाशित 4 परियों जैसी सूरत वाला

❁

मिलो तुम ये है मेहरबानी तुम्हारी
बुढ़ापा मिरा नौ-जवानी तुम्हारी

बुढ़ापे में सबकी अजल[1] जान-लेवा
मेरी जान-लेवा जवानी तुम्हारी

1 मौत

ग़ज़ब पर ग़ज़ब है सितम पर सितम है
ये हुस्न और इस पर जवानी तुम्हारी

जो बिगड़े मिरी बात बिगड़े बला से
मगर बात मुझको बनानी तुम्हारी

क्या ख़बर किस वक़्त हो कैसी नज़र
यूँ न आ निकला करो तुम सर खुले

ग़ैर हैं बे-बाक[1] फिर रोना ही क्या
आप ही तो पहले हँस-हँस कर खुले

1 निडर

तेरे मय-ख़ाना का सानी ही नहीं
गो कि मय-ख़ाने बहुत दर-दर[1] खुले

1 द्वार-द्वार

हो गए दोनों जहाँ नज़रों में हेच[1]
बाग़-ए-दिल[2] के जिस घड़ी मंज़र[3] खुले

1 तुच्छ 2 दिल का बाग़ीचा 3 दृश्य

हज़रत-ए-दिल[1] कर लिया अपना उन्हें
तुम तो निकले यार जादू-गर खुले

1 श्रीमान दिल

बैठे हैं मक़्तल[1] में वो किस शान से
दोनों हाथों में लिए ख़ंजर खुले

1 वध स्थल

तसव्वुर[1] तो किसी का जान से भी मुझको प्यारा है
मेरे दिल का उजाला ही मिरी आँखों का तारा है

1 ध्यान

पुकार उट्ठा कोई जिस-दम दिल-ए-मजबूर[1] हारा है
वो मारा है, वो मारा है, वो मारा है, वो मारा है

1 असहाय दिल

रहेगी दिल की दिल ही में ये मेरी दास्तान-ए-ग़म[1]
किसे कहने की ताक़त है किसे सुनने का यारा[2] है

1 दुःख की कहानी 2 शक्ति

जो दिल इक संग-ए-दिल[1] की नज़्र[2] है क्यों सब मुख़ालिफ़ हैं
हमारी शय[3] है जिसको दें किसी का कुछ इजारा[4] है

1 पत्थर दिल 2 भेंट 3 वस्तु 3 एकाधिकार

मोहब्बत भी कहीं मज्ज़ूब छुपती है छुपाने से
जो दिल का हाल है सूरत से तेरी आशकारा[1] है

1 प्रकट

जिस तर्ह भी मुम्किन हो आज उनको मनाना है
घिस-घिस के जबीं[1] दर पर बिगड़ी को बनाना है

1 माथा

फिर और कहाँ अपना दुनिया में ठिकाना है
ये दर से उठाना क्या दुनिया से उठाना है

क्या मेरे गुनाहों का अल्लाह ठिकाना है
हाय मुझे इक दिन मुँह तुझको दिखाना है

शर्तों का लगाना भी इक सिर्फ़ बहाना है
मक़्सूद[1] सताना है आना है न जाना है

1उद्देश्य

इक 'उम्र से 'आशिक़ हूँ और हाय उन्हें अब तक
देखा है न भाला है समझा है न जाना है

ज़ख़्मी भी किया किस को सीने में छुपे दिल को
शाबाश हो तीर-अफ़्गन[1] क्या ठीक निशाना है

1 तीर चलाने वाला

मुनाजात

ऐ मिरे दाता ऐ मिरे मालिक ऐ मिरे मौला[1] ऐ मिरे वाली[2]
शाहंशाह-ए-दो-'आलम[3] तू है सब से तिरी सरकार है 'आली
शान तिरी हर आन[4] नई है गाह जमाली[5] गाह जलाली[6]
वो भी 'अजब ख़ुश-वक़्त है जिस ने क़ल्ब[7] में तेरी याद बसा ली

1 ईश्वर 2 हाकिम 3 दोनों जगत का बादशाह 4 क्षण 5 रूपवाला 6 प्रतापवान् 7 दिल

शुग़्ल[1] मिरा बस अब तो इलाही शाम-ओ-सहर[2] हो अल्लाहु अल्लाह
लेटे-बैठे चलते-फिरते आठ-पहर हो अल्लाहु अल्लाह

1 कार्य 2 सुब्ह और शाम

कस्ब[1] में दुनिया ही के रहा मैं दीन[2] की दौलत कुछ न कमाई
वक़्त यूँही बे-कार गुज़ारा 'उम्र यूँही ग़फ़लत में गँवाई
ख़ल्क़[3] में सब से मैं ही बुरा हूँ कोई नहीं है मुझ में भलाई
मुझ सा कोई बद-कार[4] न होगा कौन सी मैं ने की न बुराई

1 कमाई 2 धर्म 3 लोग 4 पापी

शुग़्ल मिरा बस अब तो इलाही शाम-ओ-सहर हो अल्लाहु अल्लाह
लेटे-बैठे चलते-फिरते आठ-पहर हो अल्लाहु अल्लाह

ज़िक्र की अब तौफ़ीक़[1] हो या-रब काम का ये नाकाम हो तेरा
क़ल्ब में हर दम याद हो तेरी लब[2] पे हमेशा नाम हो तेरा
तुझ से बहुत रहता है गुरेज़ाँ[3] अब दिल-ए-वहशी[4] राम हो तेरा
मुझ को अब इस्तिक़्लाल[5] 'अता[6] कर पुख़्ता[7] बस अब ये ख़ाम[8] हो तेरा

1 दैवकृपा 2 होंठ 3 अनिच्छुक 4 क्रोधित हृदय 5 दृढ़ता 6 प्रदान 7 पका हुआ 8 कच्चा

शुग़्ल मिरा बस अब तो इलाही शाम-ओ-सहर हो अल्लाहु अल्लाह
लेटे-बैठे चलते-फिरते आठ-पहर हो अल्लाहु अल्लाह

ज़िक्र तिरा कर कर के इलाही दूर करूँ मैं दिल की सियाही
छोड़ कर हुब्ब-ए-माली-ओ-जाही[1] अब तो करूँ बस फ़क्र[2] में शाही[3]
शाम-ओ-सहर[4] है शुग़्ल-ए-मनाही[5] मेरे गुनह हैं ला-मुतनाही[6]
किस से कहूँ मैं अपनी तबाही तू ही मिरी कर पुश्त-पनाही[7]

1 धन और पद की मोहब्बत 2 फ़क़ीरी 3 बादशाही 4 सुब्ह और शाम 5 वह काम जिनसे रोका गया हो 6 असीम 7 सहायता

शुग़्ल मिरा बस अब तो इलाही शाम-ओ-सहर हो अल्लाहु अल्लाह
लेटे-बैठे चलते-फिरते आठ-पहर हो अल्लाहु अल्लाह

नफ़्स[1] के शर[2] से मुझ को बचा ले ऐ मिरे अल्लाह ऐ मिरे अल्लाह
पंजा-ए-ग़म[3] से मुझ को छुड़ा ले ऐ मिरे अल्लाह ऐ मिरे अल्लाह
सुन मिरे नाले सुन मिरे नाले[4] ऐ मिरे अल्लाह ऐ मिरे अल्लाह
अपना बना ले अपना बना ले ऐ मिरे अल्लाह ऐ मिरे अल्लाह
शुग़्ल मिरा बस अब तो इलाही शाम-ओ-सहर हो अल्लाहु अल्लाह

1 मन 2 बुराई 3 दु:ख का पंजा 4 रोना धोना

लेटे-बैठे चलते-फिरते आठ-पहर हो अल्लाहु अल्लाह
अपनी रज़ा में मुझ को मिटा दे ऐ मिरे अल्लाह ऐ मिरे अल्लाह
कर दे फ़ना[1] सब मेरे इरादे ऐ मिरे अल्लाह ऐ मिरे अल्लाह
जाम-ए-मोहब्बत[2] अपना पिला दे ऐ मिरे अल्लाह ऐ मिरे अल्लाह
दिल में मिरी याद अपनी रचा दे ऐ मिरे अल्लाह ऐ मिरे अल्लाह

1 समाप्त 2 मोहब्बत का प्याला

शुग़्ल मिरा बस अब तो इलाही शाम-ओ-सहर हो अल्लाहु अल्लाह
लेटे-बैठे चलते-फिरते आठ-पहर हो अल्लाहु अल्लाह

दीदा-ओ-दिल[1] में तुझ को बसा लूँ सब से हटा लूँ अपनी नज़र मैं
तेरा ही जल्वा पेश-ए-नज़र[2] हो जाऊँ कहीं मैं देखूँ जिधर मैं
तेरा तसव्वुर[3] ऐसा जमा लूँ क़ल्ब में मिस्ल-ए-नक़्श-ए-हजर[4] मैं
भूल सकूँ ता-'उम्र[5] न तुझ को चाहूँ भुलाना ख़ुद भी अगर मैं

1 आँख और दिल 2 आँख के सामने 3 ध्यान 4 जीवन भर

शुग़्ल मिरा बस अब तो इलाही शाम-ओ-सहर हो अल्लाहु अल्लाह
लेटे-बैठे चलते-फिरते आठ-पहर हो अल्लाहु अल्लाह

ज़ात है तेरी सब से निराली शान है तेरी फ़हम[1] से 'आली[2]
उस को तेरी वहदत[3] है मुशाहिद[4] जिस का है दिल अग़्यार[5] से ख़ाली
तेरे शवाहिद[6] बहर-ओ-बर,[7] गर्दूँ[8] ज़मीं अय्याम-ओ-लयाली[8]
ज़र्रा -ज़र्रा[9] क़तरा क़तरा पत्ता पत्ता डाली डाली

1 समझ 2 बुलंद 3 एकत्व 4 जिसको देखा जा सके 5 दूसरे लोग 6 गवाही 7 ज़मीन और समुन्द्र 8 दिन और रात 9 कण कण

शुग़्ल मिरा बस अब तो इलाही शाम-ओ-सहर हो अल्लाहु अल्लाह
लेटे-बैठे चलते-फिरते आठ-पहर हो अल्लाहु अल्लाह

कुन्ह[1] तिरी है फ़हम से 'आली वस्फ़ तिरा है 'अक़्ल से बाला[2]
तेरे हैं लाखों मानने वाले कोई नहीं है जानने वाला
तेरी मोहब्बत रूह की लज़्ज़त तेरा तसव्वुर[3] दिल का उजाला
नुत्क़4 ने मेरे चूम लिए लब नाम तिरा जब मुँह से निकाला

1 वास्तविकता 2 ऊँचा 3 ध्यान 4 वाणी,शब्द

शुग़्ल मिरा बस अब तो इलाही शाम-ओ-सहर हो अल्लाहु अल्लाह
लेटे-बैठे चलते-फिरते आठ-पहर हो अल्लाहु अल्लाह

अपना मुझे 'मज्ज़ूब' बना ले तेरा ही सौदा[1] हो मिरे सर में
तेरी मोहब्बत हो रग-ओ-पै[2] में जान में तन में दिल में जिगर में
शाद3 रहूँ मैं रंज-ओ-ख़ुशी में सूद-ओ-ज़ियाँ[4] में नफ़'-ओ-ज़रर[5] में
फ़र्क़ न देखूँ शाह-ओ-गदा[6] में दुर्र-ओ-सदफ़[7] में ला'ल-ओ-हजर[8] में

1 ध्यान 2 सारा शरीर 3 ख़ुश 4 लाभ और हानि 5 लाभ और हानि 6 बादशाह और फ़क़ीर 7 मोती और सीप 8 रत्न और पत्थर

शुग़्ल मिरा बस अब तो इलाही शाम-ओ-सहर हो अल्लाहु अल्लाह
लेटे-बैठे चलते-फिरते आठ-पहर हो अल्लाहु अल्लाह

❁

यार रहे या-रब तू मेरा और मैं तेरा यार रहूँ
मुझ को फ़क़त तुझ से हो मोहब्बत ख़ल्क़[1] से मैं बे-ज़ार[2] रहूँ
हर दम ज़िक्र-ओ-फ़िक्र[3] में तेरे मस्त रहूँ सरशार[4] रहूँ
होश रहे न मुझ को किसी का तेरा मगर हुशियार रहूँ

1 जन मानस 2 अप्रसन्न 3 याद और तपस्या 4 मस्त

अब तो रहे बस ता-दम-ए-आख़िर[1] विर्द-ए-ज़बाँ[2] ऐ मेरे इलाह
ला इलाहा-इल्लल्लाह ला इलाहा-इल्लल्लाह

1 मरते तदम तक 2 जीभ का जप

तेरे सिवा मा'बूद-ए-हक़ीक़ी[1] कोई नहीं है कोई नहीं
तेरे सिवा मक़्सूद-ए-हक़ीक़ी[2] कोई नहीं है कोई नहीं
तेरे सिवा मौजूद-ए-हक़ीक़ी[3] कोई नहीं है कोई नहीं
तेरे सिवा मशहूद-ए-हक़ीक़ी[4] कोई नहीं है कोई नहीं

1 सच्चा ईश्वर 2 सच्चा महबूब, ईश्वर 3 वास्तविक अस्तित्व रखने वाला, ईश्वर 4 जिसके अस्तित्व की सब गवाही दें, ईश्वर

अब तो रहे बस ता-दम-ए-आख़िर विर्द-ए-ज़बाँ ऐ मेरे इलाह
ला इलाहा-इल्लल्लाह ला इलाहा-इल्लल्लाह

दोनों जहाँ में जो कुछ भी है सब है तेरे ज़ेर-ए-नगीं[1]
जिन्न-ओ-इंस[2]-ओ-हूर-ओ-मलाइक[3] 'अर्श-ओ-कुर्सी, चर्ख़-ए-ज़मीं[4]
कौन-ओ-मकाँ[5] में लाइक़-ए-सज्दा[6] तेरे सिवा ऐ नूर-ए-मुबीं
कोई नहीं है कोई नहीं है कोई नहीं है कोई नहीं

1 अधीन 2 इन्सान और जिन्नात 3 हूर और फ़रिशते 4 घूमने वाली ज़मीन 5 दोनों जगत 6 सज्दा के योग्य 7 दिखाई देने वाली रौशनी, ईश्वर का पवित्र अस्तित्व

अब तो रहे बस ता-दम-ए-आख़िर विर्द-ए-ज़बाँ ऐ मेरे इलाह
ला इलाहा-इल्लल्लाह ला इलाहा-इल्लल्लाह

सब बंदे हैं कोई नबी हो या हो वली या शाहंशाह
बाग़-ए-दो-'आलम[1] भी है तिरी क़ुदरत के हुज़ूर[2] इक बर्ग-ए-काह[3]
क्यूँ न मैं क़ाइल[4] हूँ कि हज़ारों तेरी ख़ुदाई के हैं गवाह
ख़ार-ओ-गुल[5] अफ़्लाक-ओ-कवाकिब[6] कोह-ओ-दरिया[7], मेहर-ओ-माह[8]

1 दोनों जगत का बाग़ीचा 2 सामने 3 घास का पत्ता 4 सहमत 5 फूल और कांटा 6 आसमान और तारे 7 पहाड़ और दरिया 8 सूरज और चाँद

अब तो रहे बस ता-दम-ए-आख़िर विर्द-ए-ज़बाँ ऐ मेरे इलाह
ला इलाहा-इल्लल्लाह ला इलाहा-इल्लल्लाह

तेरा गदा बन कर मैं किसी का दस्त-निगर[1] ऐ शाह न हूँ
बंदा-ए-माल-ओ-ज़र[2] न बनूँ मैं तालिब-ए-'इज़्ज़-ओ-जाह[3] न हूँ
राह पे तेरी पड़ के क़ियामत तक मैं कभी बे-राह न हूँ
चैन न लूँ मैं जब तक राज़-ए-वहदत[4] से आगाह न हूँ

1 मोहताज 2 धन दौलत का ग़ुलाम 3 सम्मान और पद का इच्छुक 4 एकत्व का भेद

अब तो रहे बस ता-दम-ए-आख़िर विर्द-ए-ज़बाँ ऐ मेरे इलाह
ला इलाहा-इल्लल्लाह ला इलाहा-इल्लल्लाह

याद में तेरी सब को भुला दूँ कोई न मुझ को याद रहे
तुझ पर सब घर-बार लुटा दूँ ख़ाना-ए-दिल[1] आबाद रहे
सब ख़ुशियों को आग लगा दूँ ग़म से तिरे दिल शाद[2] रहे
सब को नज़र से अपनी गिरा दूँ तुझ से फ़क़त फ़रियाद रहे

1 दिल घर 2 ख़ुश

अब तो रहे बस ता-दम-ए-आख़िर विर्द-ए-ज़बाँ ऐ मेरे इलाह
ला इलाहा-इल्लल्लाह ला इलाहा-इल्लल्लाह

सब से मैं हो जाऊँ मुस्तग़नी[1] फ़ज़्ल[2] हो पेश-ए-नज़र[3] तेरा
अब तो रहूँ मैं ऐ मेरे दाता बस इक दस्त-ए-निगर तेरा
तोड़ के पाँव पड़ जाऊँ छोड़ूँ न कभी अब दर तेरा
'इश्क़ समा जाए रग-रग में दिल में हो मेरे घर तेरा

1 जिसे किसी बात की इच्छा न हो 2 कृपा; दया 3 सामने, रूबरू

अब तो रहे बस ता-दम-ए-आख़िर विर्द-ए-ज़बाँ ऐ मेरे इलाह
ला इलाहा-इल्लल्लाह ला इलाहा-इल्लल्लाह

नफ़्स[1]-ओ-शैताँ दोनों ने मिल कर हाय किया है मुझ को तबाह
ऐ मेरे मौला मेरी मदद कर चाहता हूँ मैं तेरी पनाह
मुझ-सा ख़ल्क़ में कोई नहीं गो बद-किर्दार[2]-ओ-नामा-सियाह[3]
तू भी मगर ग़फ़्फ़ार[4] है या-रब बख़्श दे मेरे सारे गुनाह

1 मन 2 दुराचारी 3 जिसका कर्मपत्र बिलकुल काला हो, दुष्कर्मी 4 क्षमा करने वाला

अब तो रहे बस ता-दम-ए-आख़िर विर्द-ए-ज़बाँ ऐ मेरे इलाह
ला इलाहा-इल्लल्लाह ला इलाहा-इल्लल्लाह

मुझ को सरापा ज़िक्र[1] बना दे ज़िक्र तिरा ऐ मेरे ख़ुदा
निकले मेरे हर बुन-ए-मू[2] से ज़िक्र तिरा ऐ मेरे ख़ुदा
अब तो कभी छोड़े भी न छूटे ज़िक्र तिरा ऐ मेरे ख़ुदा
हल्क़ से निकले साँस के बदले ज़िक्र तिरा ऐ मेरे ख़ुदा

1 जप 2 बाल की जड़

अब तो रहे बस ता-दम-ए-आख़िर विर्द-ए-ज़बाँ ऐ मेरे इलाह
ला इलाहा-इल्लल्लाह ला इलाहा-इल्लल्लाह

जब तक क़ल्ब[1] रहे पहलू में जब तक तन में जान रहे
लब पे तेरा नाम रहे और दिल में तेरा ध्यान रहे
जज़्ब[2] में पर्रां[3] होश रहें और 'अक़्ल मेरी हैरान रहे
लेकिन तुझ से ग़ाफ़िल हरगिज़ दिल न मिरा इक आन[4] रहे

1 दिल 2 ब्रह्मलीनता 3 उड़ने वाला 4 क्षण

अब तो रहे बस ता-दम-ए-आख़िर विर्द-ए-ज़बाँ ऐ मेरे इलाह
ला इलाहा-इल्लल्लाह ला इलाहा-इल्लल्लाह

ऐ मिरे मौला मेरी नज़र में तू ही तू हो तू ही तू
सब तो हों बाहर दिल के अंदर तू ही तू हो तू ही तू
क़ल्ब-ए-तपाँ[1] में दीदा-ए-तर[2] में तू ही तू हो तू ही तू
मेरे लिए तो बहर-ओ-बर[3] में तू ही तू हो तू ही तू

1 गर्म दिल 2 भीगी आँख 3 ज़मीन और समुन्द्र

कुछ न सुझाई दे मुझे हरगिज़ लाख हों मंज़र[1] पेश-ए-निगाह[2]
इल-लल्लाह इल-लल्लाह इल-लल्लाह इल-लल्लाह

1 दृश्य 2 आँखों के सामने

सूझे मुझ को दोनों जहाँ में तू ही तू बस तू ही तू
सूझे मुझ को कौन-ओ-मकाँ[1] में तू ही तू बस तू ही तू
सूझे मुझ को क़ालिब-ओ-जाँ[2] में तू ही तू बस तू ही तू
सूझे मुझ को सूद-ओ-ज़ियाँ[3] में तू ही तू बस तू ही तू

1 दोनों जागत 2 शरीर और आत्मा 3 लाभ और हानि

कुछ न सुझाई दे मुझ को हरगिज़ लाख हों मंज़र पेश-ए-निगाह
इल-लल्लाह इल-लल्लाह इल-लल्लाह इल-लल्लाह

जान से भी जो मुझ को है प्यारा तू है तू हाँ तू है तू
जिस के लिए सब कुछ है गवारा तू है तू हाँ तू है तू
दोनों जहाँ में मेरा सहारा तू है तू हाँ तू है तू
मेरी नाव का खेवन-हारा तू है तू हाँ तू है तू

कुछ न सुझाई दे मुझ को हरगिज़ लाख हों मंज़र पेश-ए-निगाह
इल-लल्लाह इल-लल्लाह इल-लल्लाह इल-लल्लाह

जूद-ओ-करम[1] की शान-ए-गदा[2] को खुल कर अब ऐ शाह[3] दिखा
क़ुर्ब-ए-ख़ास[4] 'अता फ़रमा ऐवान[5] की अपने राह दिखा
जल्वा अब तो खुले बंदों ही बस ऐ मेरे माह दिखा
पर्दा उठा दे नूर अपना हर वक़्त दिखा हर-गाह[6] दिखा

1 दानशीलता और दया 2 फ़क़ीरी की शान 3 बादशाह 4 विशेष निकटता 5 महल 6 हर क्षण

कुछ न सुझाई दे मुझ को हरगिज़ लाख हों मंज़र पेश-ए-निगाह
इल-लल्लाह इल-लल्लाह इल-लल्लाह इल-लल्लाह

आए नज़र ज़र्रा-ज़र्रा[1] में साफ़ तेरी क़ुदरत मुझ को
'आलम-ए-कसरत[2] भी हो जाए आईना-ए-वहदत[3] मुझ को
बाग़-ए-जहाँ[4] में तू महसूस अब हो मिस्ल-ए-नकहत[5] मुझ को
मश्क़-ए-तसव्वुर[6] इतनी बढ़े जल्वत[7] भी हो इक ख़ल्वत[8] मुझ को

1 कण कण 2 आलम-ए-अर्वाह, आलम-ए-मिसाल, आलम-ए-अज्साम को आलम-ए-कस्रत' हैं 3 एकत्व का आईना 4 दुनिया का बाग़ 5 ख़ुशबू की तरह 6 कल्पना का अभ्यास 7 सार्वजनिक स्थान 8 एकांत

कुछ न सुझाई दे मुझ को हरगिज़ लाख हों मंज़र पेश-ए-निगाह
इल-लल्लाह इल-लल्लाह इल-लल्लाह इल-लल्लाह

ऐसा समा जा मेरी नज़र में जल्वा तिरा देखूँ हर सू
ग़ैबत[1] दम-भर को भी न हो हर वक़्त रहूँ मैं रू-दर-रू[2]
मेरे लिए बाज़ार-ए-जहाँ[3] हो सर-ब-सर[4] इक मैदान-ए-हू[5]
तू ही तू हो तू ही तू हो तू ही तू हो तू ही तू

1 नुपस्थिति 2 रूबरू 3 दुनिया का बाज़ार 4 पूर्ण रूप से 5 एकांत का मैदान

कुछ न सुझाई दे मुझ को हरगिज़ लाख हों मंज़र पेश-ए-निगाह
इल-लल्लाह इल-लल्लाह इल-लल्लाह इल-लल्लाह

फ़ज़्ल-ओ-करम[1] से अपने 'अता कर ज़िंदगी-ए-जावेद[2] मुझे
नफ़्स[3] से ना-उमीद हूँ मैं तुझ से है मगर उम्मीद मुझे
अब तो सरापा दीद[4] बना दे तेरा शौक़-ए-दीद[5] मुझे
हर शय[6] इक आईना हो हर ज़र्रा हो इक ख़ुर्शीद[7] मुझे

[1]दया और कृपा 2 शाश्वत जीवन 3मन 4 दर्शन5 दर्शन का शौक़ 6 वस्तु 7 सूरज

कुछ न सुझाई दे मुझ को हरगिज़ लाख हों मंज़र पेश-ए-निगाह
इल-लल्लाह इल-लल्लाह इल-लल्लाह इल-लल्लाह

ज़र्रा-ज़र्रा क़तरा-क़तरा रत्ब-ओ-याबिस[1] बहर-ओ-बर
नूर-ओ-नार[2]-ओ-औज-ओ-पस्ती[3] कुफ़्र-ओ-ईमाँ, ख़ैर-ओ-शर[4]
एक ज़बाँ होकर ये सब के सब देते हैं तेरी ख़बर
तेरे आगे हेच है हर शय तू ही है सब से बरतर

1 गीला और सूखा 2 प्रकाश और आग 3 उत्थान और पतन 4 पाप और पुन्य

कुछ न सुझाई दे मुझ को हरगिज़ लाख हों मंज़र पेश-ए-निगाह
इल-लल्लाह इल-लल्लाह इल-लल्लाह इल-लल्लाह

मेरी नज़र में सब यकसाँ हों कोई गदा हो या हो शाह
हों न ज़रा मर'ऊब[1] किसी से कोई हो कितना ही ज़ी-जाह[2]
राज़-ए-वहदत[3] से तू कर दे दिल को मेरे या-रब आगाह
मेरे लिए हो जाएँ बराबर बाग़-ओ-सहरा, कोह-ओ-काह[4]

1 प्रभावित 2 प्रतिष्ठावाला 3 एकत्व का भेद 4 पहाड़ और घास

कुछ न सुझाई दे मुझ को हरगिज़ लाख हों मंज़र पेश-ए-निगाह
इल-लल्लाह इल-लल्लाह इल-लल्लाह इल-लल्लाह

बंदा-ए-मक़बूल[1] अपना बना और कर न कभी मरदूद[2] मुझे
बख़्श ख़ुदाया हुस्न-ए-ख़िताम[3]-ओ-'आक़िबत-ए-महमूद[4] मुझे
जल्वा तिरा उस तूर से हो हर लहज़ा[5] बस अब मशहूद[6] मुझे
तेरे सिवा 'आलम में नज़र आए न कोई मौजूद मुझे

1 प्रिय बंदा 2 बहिष्कृत 3 अच्छा अंत 4 सराहनीय अंत 5 क्षण 6 देखा हुआ

कुछ न सुझाई दे मुझ को हरगिज़ लाख हों मंज़र पेश-ए-निगाह
इल-लल्लाह इल-लल्लाह इल-लल्लाह इल-लल्लाह

(अबयात-ए-मुनाजातिया)

मजाल कुछ भी कर सकूँ मैं जो तू न तौफ़ीक़[1] ऐ ख़ुदा दे
तिरी मशिय्यत[2] से सब ये ग़ालिब ये हेच[3] हैं सब मिरे इरादे
बहुत दिनों रह चुका निकम्मा बस अब मुझे काम का बना दे
मैं कब से हूँ महव-ए-ख़ाब-ए-ग़फ़लत[4] बस अब जगा दे बस अब जगा दे

1 दैवीय मार्गदर्शन 2 इच्छा 3 तुच्छ 4 अज्ञानता के सपने में लीन

हर दम करूँ मैं ऐ मेरे बारी अल्लाहु अल्लाहु अल्लाहु अल्लाह
जब साँस लूँ मैं हो जाए जारी अल्लाहु अल्लाहु अल्लाहु अल्लाह

रह-ए-तलब में सवार सब हैं पियादा मिस्ल-ए-ग़ुबार मैं हूँ
तिरे गुलिस्ताँ में सब तो गुल हैं बस इक अगर हूँ तो ख़ार[1] मैं हूँ
मुझे भी कुछ फ़िक्र-ए-आख़िरत[2] हो बहुत ही ग़फ़लत-शिआ'र[3] मैं हूँ
रहा मैं बे-कार ज़िंदगी भर बस अब तो मशग़ूल-ए-कार[4] मैं हूँ

1 काँटा 2 परलोक की चिंता 3 असावधान 4 काम में व्यस्त

हर दम करूँ मैं ऐ मेरे बारी अल्लाहु अल्लाहु अल्लाहु अल्लाह
जब साँस लूँ मैं हो जाए जारी अल्लाहु अल्लाहु अल्लाहु अल्लाह

तुझे तो मा'लूम है इलाही बहुत ही गंदा है हाल मेरा
गुनह में आलूदा1 हो रहा है रुवाँ-रुवाँ बाल-बाल मेरा
ये आख़िरी दिन हैं ज़िंदगी के दुरुस्त कर दे मआल2 मेरा
तिरी मोहब्बत में अब जियूँ मैं इसी में हो इंतिक़ाल मेरा

1 प्रदूषित 2 अंत

हर दम करूँ मैं ऐ मेरे बारी अल्लाहु अल्लाहु अल्लाहु अल्लाह
जब साँस लूँ मैं हो जाए जारी अल्लाहु अल्लाहु अल्लाहु अल्लाह

करम से तेरे ब'ईद[1] क्या है जो फ़ज़्ल[2] मुझ पर भी मेरे रब हो
तिरी मदद हो मिरी हो कोशिश तिरी कशिश हो मिरी तलब हो
बदी[3] में गुज़री है 'उम्र सारी नसीब तौफ़ीक़-ए-नेक[4] अब हो
रहूँ मैं मशग़ूल-ए-ज़िक्र-ओ-ता'अत[5] बस अब यही शुग़्ल[6] रोज़[7] शब[8] हो

1 दूर 2 कृपा 3 बुराई 4 अच्छे काम का सामर्थ्य 5 जप और उपासना में मशग़ूल 6 काम 7 दिन 8 रात

हर दम करूँ मैं ऐ मेरे बारी अल्लाहु अल्लाहु अल्लाहु अल्लाह
जब साँस लूँ मैं हो जाए जारी अल्लाहु अल्लाहु अल्लाहु अल्लाह

'इनायत-ए-ख़ास[1] को इलाही में तेरे क़ुर्बान-ए-'आम[2] कर दे
इस अपने अदना ग़ुलाम को भी नसीब अब क़ुर्ब-ए-ताम[3] कर दे
मैं हाय कब तक रहूँ अधूरा बस अब तो पुर मेरा जाम कर दे
फ़ना का वो दर्जा अब 'अता हो जो काम मेरा तमाम कर दे

1 विशेष कृपा 2 जनमानस में निछावर 3 विशेष निकटता

हर दम करूँ मैं ऐ मेरे बारी अल्लाहु अल्लाहु अल्लाहु अल्लाह
जब साँस लूँ मैं हो जाए जारी अल्लाहु अल्लाहु अल्लाहु अल्लाह

❁

तज़्मीन

जहाँ में हैं 'इबरत[1] के हर-सू[2] नमूने
मगर तुझ को अंधा किया रंग-ओ-बू[3] ने
कभी ग़ौर से भी देखा है तू ने
जो मा'मूर[4] थे वो महल अब हैं सूने

1 सीख 2 चरों ओर 3 रंग और सुगंध 4 आबाद

जगह जी लगाने की दुनिया नहीं है
ये 'इबरत की जा है तमाशा नहीं है

मिले ख़ाक में अहल-ए-शाँ[1] कैसे कैसे
मकीं[2] हो गए ला-मकाँ[3] कैसे कैसे
हुए नामवर बे-निशाँ कैसे कैसे
ज़मीं खा गई नौजवाँ कैसे कैसे

1 शान वाले 2 घर का स्वामी 3 बिना मकाँ वाले

जगह जी लगाने की दुनिया नहीं है
ये 'इबरत की जा है तमाशा नहीं है

ज़मीं के हुए लोग पैवंद क्या क्या
मुलूक-ओ-हुज़ूर-ओ-ख़ुदा-वंद[1] क्या क्या
दिखाएगा तू ज़ोर ता-चंद[2] क्या क्या
अजल[3] ने पछाड़े तनोमंद[4] क्या क्या

1 बादशाह और दरबार और मालिक 2 कब तक 3 मौत 4 स्वस्थ

जगह जी लगाने की दुनिया नहीं है
ये 'इबरत की जा है तमाशा नहीं है

अजल ने न किसरा[1] ही छोड़ा न दारा[2]
उसी से सिकंदर सा फ़ातेह[3] भी हारा
हर इक ले के क्या क्या हसरत सिधारा
पड़ा रह गया सब यही ठाठ सारा

1 ईरान के शासकों की उपाधि 2 ईरान का एक बादशाह
3 विजेता

जगह जी लगाने की दुनिया नहीं है
ये 'इबरत की जा है तमाशा नहीं है

यहाँ हर ख़ुशी है मुबद्दल[1] ब-सद-ग़म[2]
जहाँ शादियाँ थीं वहीं अब हैं मातम
ये सब हर तरफ़ इन्क़िलाबात-ए-'आलम[3]
तिरी ज़ात ही में तग़य्युर[4] में हर दम

1 परिवर्तित 2 सैकड़ों ग़म में 3 दुनिया का बदलाव 4 परिवर्तन

जगह जी लगाने की दुनिया नहीं है
ये 'इबरत की जा है तमाशा नहीं है

तुझे पहले बचपन में बरसों खेलाया
जवानी ने फिर तुझ को मजनूँ बनाया
बुढ़ापे ने फिर आ के क्या क्या सताया
अजल तेरा कर देगी बिल्कुल सफ़ाया

जगह जी लगाने की दुनिया नहीं है
ये 'इबरत की जा है तमाशा नहीं है

यही तुझ को धुन है रहूँ सब से बाला[1]
हो ज़ीनत निराली हो फ़ैशन निराला
जिया करता है क्या यूँही मरने वाला
तुझे हुस्न-ए-ज़ाहिर[2] ने धोके में डाला

1 श्रेष्ठ 2 बाह्य सुन्दरता

जगह जी लगाने की दुनिया नहीं है
ये 'इबरत की जा है तमाशा नहीं है

वो है 'ऐश-ओ-'इशरत[1] का कोई महल भी
जहाँ ताक में हर घड़ी हो अजल भी
बस अब अपने इस जहल[2] से तू निकल भी
ये तर्ज़-ए-म'ईशत[3] अब अपना बदल भी

1 सुख और आनंद 2 अज्ञान 3 जीने की शैली

जगह जी लगाने की दुनिया नहीं है
ये 'इबरत की जा है तमाशा नहीं है

ये दुनिया-ए-फ़ानी1 है महबूब[2] तुझ को
हुई वाह क्या चीज़ मर्ग़ूब[3] तुझ को
नहीं 'अक़्ल इतनी भी 'मज्ज़ूब' तुझ को
समझ लेना अब चाहिए ख़ूब तुझ को

1 नश्वर संसार 2 प्रिय 3 प्यारा

जगह जी लगाने की दुनिया नहीं है
ये 'इबरत की जा है तमाशा नहीं है

बुढ़ापे से पाकर पयाम-ए-क़ज़ा[1] भी
न चौंका न चेता न सँभला ज़रा भी
कोई तेरी ग़फ़लत की है इंतिहा भी
जुनूँ[1] ता-बके[2] होश में अपने आ भी

1 मृत्यु संदेश 2 दिवानगी 3 कब तक

जगह जी लगाने की दुनिया नहीं है
ये 'इबरत की जा है तमाशा नहीं है

न दिल-दादा-ए-शे'र-गोई[1] रहेगा
न गिरवीदा-ए-शोहरा-जूई[2] रहेगा
न कोई रहा है न कोई रहेगा
रहेगा तो ज़िक्र-ए-निकोई[3] रहेगा

1 कविता लिखने में मगन 2 प्रसिद्धि प्राप्त करने का इच्छुक

3 अच्छाई की चर्चा

जगह जी लगाने की दुनिया नहीं है
ये 'इबरत की जा है तमाशा नहीं है

जब इस बज़्म[1] से उठ गए दोस्त अक्सर
और उठते चले जा रहे हैं बराबर
ये हर वक़्त पेश-ए-नज़र जब है ये मंज़र[2]
यहाँ पर तिरा दिल बहलता है क्यूँ कर

1 महफ़िल 2 दृश्य

जगह जी लगाने की दुनिया नहीं है
ये 'इबरत की जा है तमाशा नहीं है

जहाँ में कहीं शोर-ए-मातम[1] बपा[2] है
कहीं फ़क्र-ओ-फ़ाक़ा[3] से आह-ओ-बुका[4] है
कहीं शिकवा-ए-जौर-ओ-मक्र-ओ-दग़ा[5] है
ग़रज़ हर तरफ़ से यही बस सदा है

1 दुःख का शोर 2 घटित होना 3 ग़रीबी और भुखमरी 4 मातम और विलाप 5 अत्याचार,छल और ठगी की शिकायत

जगह जी लगाने की दुनिया नहीं है
ये 'इबरत की जा है तमाशा नहीं है

❁

नोट - यह तज़्मीन अमीर मीनाई की प्रसिद्ध ग़ज़ल *"हुए नामवर बे-निशाँ कैसे-कैसे"* की ज़मीन पर लिखी गई है

क़िता

शैतान-ओ-नफ़्स[1] दोनों दुश्मन तिरे मगर
दुश्मन वो दूर का है ये दुश्मन क़रीब का

इस मार-ए-आस्तीं[2] का न कुचला जो सर तो फिर
मंतर हो कारगर न मुदावा[3] तबीब[4] का

1 शैतान और मन 2 आस्तीन का साँप 2 इलाज 3 चिकित्सक

❁

हटता नहीं ख़याल किसी दम हबीब का
वो मस्त हूँ मैं नग़मा-ए-इन्नी-क़रीब[1] का

'मज्ज़ूब' ख़स्ता-हाल[2] समझते हैं सब जिसे
क्या जाने हाल-ए-ख़ुश[3] कोई उस ख़ुश-नसीब का

1 इन्नी-क़रीब का गीत,क़ुरआन की एक आयत जिसका अर्थ है मैं तुम्हारे निकट हूँ 2 व्यथित 3 अच्छा हाल

❁

किस काम का वो दिल है कि जिस दिल में तू न हो
बस नाम का वो गुल[1] है कि जिस गुल में बू न हो

हुजरों में लाख बैठिए ख़ल्वत[2] मगर कहाँ
जब तक कि जान-ओ-दिल[3] में बसा तू ही तू न हो

1 फूल 2 एकांत 3 जान और दिल

❁

कुछ ख़बर भी है तुझे ऐ तिश्ना-काम-ए-ज़िंदगी[1]
हो चुका पुर[2] अब छलकने को है जाम-ए-ज़िंदगी[3]

जो तुझे करना है कर ले आख़िरी साँसें हैं अब
भेस में इस सुब्ह-ए-पीरी[4] के है शाम-ए-ज़िंदगी[5]

1 जीवन का प्यासा 2 भरा हुआ, पूर्ण 3 जीवन का प्याला 4 बुढ़ापे की सुब्ह 5 ज़िंदगी की शाम

❁

रहती है धुन तिरी हमा-औक़ात[1] आज-कल
खोया हुआ सा रहता हूँ दिन-रात आज-कल

क्या जाने क्या जवाब दूँ क्या जाने क्या सुनूँ
मुझे से कोई कहे न कोई बात आज-कल

1 हर समय

❁

काम जितने हैं गदा-ओ-शाह[1] के
क़ब्ज़ा-ए-क़ुदरत[2] में हैं अल्लाह के

कारसाज़-ए-दो-जहाँ[3] पर है नज़र
नाज़ उठाएँ क्यूँ हम अहल-ए-जाह[4] के

1 फ़क़ीर और बादशाह 2 क़ाबू 3 दोनों जगत की बिगड़ी बनाने वाला 4 उच्चपद वाले

❁

नफ़ा'[1] दुनिया का जो सुन ले नाम भी
सहल[2] हो मुश्किल से मुश्किल काम भी

उस पे राहत भी फ़िदा आराम भी
रोज़-ओ-शब[3] दहन[4] उस की सुब्ह-ओ-शाम भी

1 लाभ 2 आसान 3 रत और दिन 4 मुंह

अब और ही कुछ है मिरे दिन-रात का 'आलम[1]
हर वक़्त है इक उन से मुलाक़ात का 'आलम

अब दिल में शब-ओ-रोज़[2] जो है उन का तसव्वुर
फ़ुर्क़त[3] में भी रहता है मुलाक़ात का 'आलम

1 हाल 2 रात और दिन 3 जुदाई

❋

मिरी ज़ीस्त[1] का हाल क्या पूछते हो
न पीरी[2] न तिफ़्ली[3] न इसमें जवानी

जो कुछ साअ'तें[4] याद-ए-दिलबर[5] में गुज़रीं
वही हैं वही मेरी कुल ज़िंदगानी

1जीवन 2 बुढ़ापा 3 बचपन 4 क्षण 5 महबूब की याद, ईश्वर

❋

ये बनी दुनिया बरा-ए-दर्द-ए-दिल[1]
हेच[2] है हर शय[3] बरा-ए-दर्द-ए-दिल

'ऐश-ए-दुनिया[3] क्या हमें मर्ग़ूब[4] हो
हम हैं लज़्ज़त-आश्ना-ए-दर्द-ए-दिल[5]

1 दिल के दर्द के लिए 2 तुच्छ 3 वास्तु 4 संसार का आनंद 5 दिल के दर्द के स्वाद से परिचित

❋